大明宫

大唐帝国的政治中心

韩海梅 著

丝路物语书系

主编 李炳武

西安出版社

图书在版编目（CIP）数据

大唐帝国的政治中心：大明宫 / 韩海梅著. — 西安：西安出版社，2021.12（2024.4重印）
ISBN 978-7-5541-5796-1

Ⅰ.①大… Ⅱ.①韩… Ⅲ.①宫殿遗址－西安－通俗读物 Ⅳ.①K878.3-49

中国版本图书馆CIP数据核字(2021)第247841号

大唐帝国的政治中心
大明宫
DATANG DIGUO DE ZHENGZHI ZHONGXIN
DA MING GONG

韩海梅　著

出 版 人：屈炳耀
策划编辑：李宗保　张正原
项目统筹：张正原
责任编辑：陈梅宝
美术编辑：李　坤
责任印制：尹　苗
出版发行：西安出版社
社　　址：西安市曲江新区
　　　　　雁南五路1868号影视演艺大厦11层
电　　话：（029）85253740
邮政编码：710061

印　　刷：三河市华东印刷有限公司
开　　本：787mm×1092mm　1/16
印　　张：13.25
字　　数：120千
版　　次：2021年12月第1版
印　　次：2024年4月第2次印刷
书　　号：ISBN 978-7-5541-5796-1
定　　价：78.00元

如有印刷、装订问题，本社负责另换。

序一

阅读文物 拥抱文明

郑欣淼

文物所折射出的恒久魅力，已为越来越多的人所认识。今天呈现在读者面前的这部"丝路物语"书系，就是这一魅力的具体体现。

"让收藏在博物馆里的文物、陈列在广阔大地上的遗产、书写在古籍里的文字都活起来。"党的十八大以来，习近平总书记担负着实现中华民族伟大复兴的历史重任，饱含着对传统文化的深厚感情，让文物活起来始终为其所关注、所思考。让文物活起来，就是深入挖掘文物的内涵，充分发挥文物的作用。中国文物是中华民族的文明印记和精神标识，是全体中国人乃至全人类的珍贵财富；它对于激发人民群众对中华优秀传统文化的了解、认同和热爱，坚定文化自信、汇聚发展力量等作用是不言而喻的。

近年来，一些优秀的文物类书籍、综艺节目、纪录片、文化创意产品等不断涌现，文化遗产元素成为国家外交的桥梁，文物逐渐成为"网红"并受到越来越多年轻人的青睐，这些都充分彰显着"让文物活起来"已逐渐从理念转化为行动，那些在历史长河中积淀下来的文物珍存正在不断走近百姓、融入时代、面向世界。

说到文物，不能不把眼光聚焦于丝绸之路。人类社会交往的渴望推动了世界文明间的相互交融和渗透，中华文明与其他古代文明很早就发生接触，相互影响，相互交流。直到1877年，德国地理学家李希霍芬在他的著作《中国——我的旅行成果》里首次提出了"丝绸之路"的概念。近半个世纪以来，随着考古发现和学术研究的不断深入，丝绸之路极大地开阔了人们的视野。特别是"一带一路"倡议的全面推进，丝绸之路研究更成为国际显学。在古代文明交流史上，丝绸之路无疑是极其璀璨的一笔。它承载着千年古史，编织着四方文明。也正因为丝绸之路无与伦比的历史积淀，形成了独特的历史文化遗产，其数量之大、等级之高、类型之丰富、序列之完整、影响之深远，都是世所公认的。神秘悠远的古代城址、波澜壮阔的长城关隘烽燧遗址、精美绝伦的艺术品、气势磅礴的帝王陵墓、灿若星辰的宫观寺庙、瑰丽壮美的石窟寺……数不清道不尽的文物珍宝，足以使任何参观者流连忘返，叹为观止。2014年，"丝绸之路：长安—天山廊道的路网"成功跻身《世界遗产名录》，使丝绸之路迎来了新的历史机遇，也对广大文化文物工作者提出了新的要求。

"让文物说话，把历史智慧告诉人们。"这是习近平总书记的谆谆嘱托。中华文化优雅如斯，如何让文物说话，飞入寻常百姓家，是当下无数文化界人士亟待攻坚的课题，亦是他们光荣的使命。客观来讲，丝绸之路方面的论著硕果累累，但从一般读者角度，特别是从当下文化与旅游结合角度着眼的作品不多，十分需要一套全面系统地介绍丝绸之路文物故事的读物。令人欣喜的是，西安出版社组织策划了这套颇具规模的"丝路物语"书系，并由李炳武先生担任主编，弥补了这一缺憾。李炳武先生曾经长期在文物文化领域工作，也主持过"中华国宝·陕西珍贵文物集成""长安学丛书"和《陕西文物旅游博览》等大型文物类图书的编纂工作，得到了业界的充分肯定；加之丛书的作者都是有专业素养的学者，从而保证了书稿的质量。

如何驾驭丝绸之路这样一个纵贯远古到当今、横贯地中海到华夏大地的话题，对于所有编写者来说，都是具有挑战性的。这套书的优点或者说特点，可以概括为以下几个方面：

这套书最大的一个优点，就是大而全。从宏观的视野，用简明的线条，对丝绸之路沿线的博物馆、大遗址进行了全景式梳理，精心遴选主要文物，将这些国宝的历史、艺术和科学价值在字里行间一一呈现。

丝绸之路文化遗产类型丰富，作者在文中并没有局限于文物本身的解读，还根据文物的特点做了大量的知识拓展，包括服饰的流变，宗教的传播，马匹的驯化，葡萄等水果的东传，纸张的发明和不断改进，医学的发展，乐器、绘画、雕刻、建筑、织物、陶瓷等视觉艺术的交互影响，等等。其中既有交往的结果，也有战争的推动。总体而言，这些内容是讲述丝绸之路时所不可或缺的内容，使读者透过文物认识了丝绸之路丰富的文化内涵。

值得称道的是，这套书采取探索与普及相结合的方式，图文并茂，力求避免学究气的艰涩笔调，加入故事性、趣味性，使文字更具可读性，达到雅俗共赏的目的。通过图书这一载体，使读者能够静静地品味和欣赏这些文物，传达出对历史的沉思和感悟，完善自己对文物、丝绸之路和文化的认知。开卷有益，读过这套书后，相信读者都会收获多多，文物在其眼中也将会是另一番面貌。

我们有幸正处于坚持以人民为中心的改革发展伟大时代，每一件文物，都维系着民族的精神，让文物活起来，定会深入人心、蔚为大观。此次李炳武先生请我写序，初颇踌躇，披卷读来，犹如一场旅行，神游历史时空之浩渺无垠，遐思华夏文化之博大精深。兼善天下，感物化人历来是每一个中国知识分子的精神所属，若序言能为一部作品锦上添花，进而为普及民众的文物保护意识起到促进作用，何乐而不为？

是为序。

· 郑欣淼 ·

原中国文化部副部长、故宫博物院原院长、中华诗词学会会长、著名历史文化学者。

序二

丝路物语话沧桑

李炳武

2013年9月，中国国家主席习近平访问哈萨克斯坦时，在纳扎尔巴耶夫大学发表演讲，首次提出共同构建"丝绸之路经济带"的宏伟倡议。2014年6月，"丝绸之路：长安—天山廊道的路网"成功跻身《世界遗产名录》。

丝绸之路是世界上路线最长、影响最大的文化线路。丝绸之路是指起始于古代中国的政治、经济、文化中心——古都长安（今西安）连接亚洲、非洲和欧洲的古代陆上商业贸易路线。它跨越陇山山脉，穿过河西走廊，通过玉门关和阳关，抵达新疆，沿绿洲和帕米尔高原通过中亚、西亚和北非，最终抵达非洲和欧洲，向南延伸到印度次大陆。这条伟大的道路沟通了中国、印度、希腊三大文明，全长上万千米。它是一条东方与西方之间经济、政治、文化进行交流的主要道路，促进了欧亚非大陆不同国家、不同文明在商贸、宗教、文化以及民族等方面的交流与融合，为人类社会的共同发展和繁荣作出了卓越贡献。

公元前138年，使者张骞受汉武帝派遣从陇西出发，出使月氏。13年中，他的足迹遍布天山南北和中亚、西亚各地。在随后的2000多年间，无数商贾、旅人沿着张骞的足迹，穿越驼铃叮当的沙漠、炊烟袅袅的草原、飞沙走石的戈壁，来往于各国之间，带来了来自其他文明的玻璃、红酒、马匹、宗教、科技和艺术，带走了中国的丝绸、漆器、瓷器和四大发明，举世闻名的丝绸之路渐渐形成。

用"丝绸之路"来形容古代中国与西方的文明交流通道，最早出自德国著名地理学家李希霍芬1877年所著的《中国——我的旅行成果》一书。由于这个命名贴切写实而又富有诗意，很快得到学术界的认可，并风靡世界。

近年来，丝绸之路迎来了新的历史机遇，沿丝绸之路寻访探秘的人络绎不绝。发展丝路经济，研究丝路文明，观赏丝路文物成了新时代的社会热潮。中央文化产业发展专项资金资助项目"丝路物语"书系，便应运而生。在本书和读者见面之际，作为长安学研究者、"丝路物语"书系的主编，就该书的选题范围、研究对象、编写特色及意义赘述于下：

"丝路物语"书系，以"丝绸之路：长安—天山廊道的路网"遗产及相关博物馆为选题范围。该遗产项目的线路跨度近5000千米，沿线包括了中心城镇遗迹，商贸城市、聚落遗迹，交通遗迹，宗教遗迹和关联遗迹五类代表性遗迹，以及沿途丰富的特色地理环境。共计包括三个国家的33处遗产点，其中吉尔吉斯斯坦境内3处，哈萨克斯坦境内8处，中国境内22处。属丝绸之路东段的重要组成部分，在丝绸之路交通与交流体系中具有独特的起始地位和突出的代表性。它形成于公元前2世纪，兴盛于公元6至14世纪，沿用至公元16世纪，连接了东亚和中亚大陆上的中原地区、河西走廊、天山南北与七河地区四个地理区域，分布于今中华人民共和国、哈萨克斯坦共和国和吉尔吉斯共和国境内。沿线遗迹或壮观巍峨，或鬼斧神工，或华丽精美，见证了欧亚大陆在公元前 2 世纪至公元 16 世纪之间人类文明进步的重要阶段，以及在这段时间内多元文化并存的鲜明特色。

"丝路物语"书系，每册聚焦古丝绸之路上的一座博物馆、一处古遗址或一座石窟寺，力求立体全面地展示丝绸之路上的历史遗存、人文故事和风土人情。这是一套丝绸之路旅游观光的文化指南，从中可观赏到汉代桑蚕基地的鎏金铜蚕，饱览敦煌石窟飞天的婀娜多姿，聆听丝路古道上的声声驼铃。古丝绸之路是人类文明的宝贵遗产，记录着社会的沧桑巨变，承载丝路文明的"丝路物语"书系也将成为一部启封丝路文明的记忆之书。

"丝路物语"书系，以阐释文物为重点。文物是中华民族的精神标识。"让收藏在博物馆里的文物、陈列在广阔大地上的遗产、书写在古籍里的文字都活起来。"这对于激发人民群众对中华优秀传统文化的了解、认同和热爱，坚定文化自信，汇聚发展力量不可小觑。

文物是不可再生的国之珍宝，从中可折射出人类文明的恒久魅力。对文化的认同感与归属感应当成为一种生活状态。我们以梳理丝绸之路沿线博物馆馆藏文物、石窟寺或大遗址为契机，从文化的立场阐释文物的历史意义，每篇文章涵盖了文物信息的描述、历史背景的介绍、文物价值的分享和知识链接等板块，在聚焦视角上兼顾学术作品的思想层与通俗作品的故事层双重属性,清晰地再现文物从物质性到精神性的深层转变,着力探讨文物作为一种精神力量对历史的启迪。系列图书用时空线索描绘丝绸之路的卓越风华,为读者梳理丝绸之路的文化影响,以文物揭示历史规律,彰显更深层、更本质的文化自信,激发读者的民族自豪感。"丝路物语"书系以文物为研究对象,从中甄选国宝菁华,讲述它们的前世今生。试图让读者从中感受始皇地下军团的烈烈秦风,惊叹西汉马踏匈奴的雄浑奔放,仰慕大唐《阙楼仪仗图》的盛世恢宏,这是一部积淀文化自信的启智之作。

"丝路物语"书系,以互动可读为特色。在大众传媒多元数字化的背景下,综合运用现代科技推动文化传播进入一个崭新的领域,相契于文字的解读,更透出传统文化的深邃意蕴。为多维度营造文化解读的可能性,吸引更多公众喜欢阅读文物书籍,"丝路物语"可谓设计精良,处处体现出反复构思、创新的态度。设计重点关注视觉交流的层面,借助丰富的图像资料和多媒体技术大幅强化传统文化元素可视、可听、可观的直接特征,有效提升文化遗产多维度的观感效果。古人著书立说重字画兼备,"宣物莫大于言,存形莫善于画",所以著作由"图""书"合称。本书系选用了大量专业文物图片,整体、局部、多角度展示,让读者在阅读文字之余通过精美的图片感受文化的震撼与感动,让读者更好地认知历史、感知经典,体验当代创新之趣。

"丝路物语"书系,以弘扬互利共赢的丝路精神为使命。"丝绸之路:长安—天山廊道的路网"在古老的华夏文明中心和其他历史悠久的区域性文明中心之间建立起长距离的交通联系，在游牧与农耕、东方与西方等文明交流中具有重要意义，并见证了古代亚欧非大陆人类文明与文化发展的主要脉络及若干重要历史阶段，以及突出的多元文化特征，是人类进行长距离交通、商贸、文化、宗教、技术以及民族等方面长期交流与融合的文化线路杰出范例。

2000多年前，我们的先辈筚路蓝缕，穿越草原沙漠，开辟出联通亚欧非的陆上丝绸之路。这不仅是一条通商易货之道，更是一条文化交流之路。沿着古丝绸之路，中国将丝绸、瓷器、漆器、铁器等传到西方，也获得了胡椒、亚麻、香料、葡萄、石榴……沿着古丝绸之路，佛教、伊斯兰教及阿拉伯的天文、历法、医药传入中国，中国的四大发明、养蚕技术也由此传向世界。更为重要的是，商品和文化交流带来了观念创新。比如，佛教源自印度，却在中国发扬光大，在东南亚得到传承。儒家文化起源于中国，却受到欧洲莱布尼茨、伏尔泰等思想家的推崇。这是交流的魅力，互鉴的成果。这些各国不同的异质文化，犹如新鲜血液，使不同文化肌体的脉搏跳动更为雄健有力。古丝绸之路绵亘万里，延续千年，积淀了以和平合作、开放包容、互学互鉴、互利共赢为核心的丝路精神。

新时代、新丝路、新长安。2017年，习近平主席在"'一带一路'国际合作高峰论坛"上指出，古丝绸之路是"人类文明的宝贵遗产"。为让这些遗产、文物鲜活起来，西安出版社策划出版的"丝路物语"书系，承载着别样的期许与厚望，旨在以丝绸之路的隽永品格对话当代社会的文化建构，以高度的文化自觉唤醒当代社会的文化自信。

我们作为丝绸之路起点——长安的文化工作者，更应该饱含对传统文化的深厚感情，自觉担负起实现中华民族伟大复兴的历史重任，充分运用长安学的最新研究成果，为保护、研究和传承人类文明的宝贵遗产尽心尽力，助推"一带一路"伟大事业的蓬勃发展。

精品力作是出版社的立身之本，亦是文化工作者的社会担当。"丝路物语"书系的出版，凝聚着众多写作和编辑人员的思考与汗水。借此，特别感谢郑欣淼部长的热情赐序；感谢策划人、西安出版社社长屈炳耀先生的睿智选题与热情相邀；感谢相关遗址、博物馆领导的支持，富有专业素养的学者和摄影人员的精心创作；更要感谢西安出版社副总编辑李宗保和编辑张正原认真负责、卓有成效的工作。

"丝路物语"书系的出版虽为刍荛之议、管窥之见，但西安出版社聆听时代声音、承担时代使命以及致力于激活文化遗产、传播中国声音的决心定将引领其走向更远的未来。

是为序。

·李炳武·
陕西省文物局原副局长、陕西省文史馆原馆长、"长安学"创始人、陕西师范大学国际长安学研究院首任院长、三秦文化研究会会长、长安学研究中心主任、著名历史文化学者。

大明宫国家遗址公园

074 延英殿
延英开对久　门与日西斜

090 麟德殿
重廊屈折连三殿　密上真珠百宝灯

114 大明宫内官署机构
共沐恩波大明宫　朝朝染翰侍君王

144 大明宫遗址保护60年记
世事空悲哀复荣　凭高一望更添情

180 大明宫历史大事记

目录

001　开篇词

002　从大明宫遗址说起
　　　如日之升　则曰大明

016　丹凤门
　　　玉帛朝元万国来　鸡人晓唱五门开

036　含元殿
　　　九天阊阖开宫殿　万国衣冠拜冕旒

050　宣政殿
　　　日高殿里有香烟　万岁声长动九天

064　紫宸殿
　　　金殿当头紫阁重　仙人掌上玉芙蓉

开篇词

丝路物语

大明宫

有唐一代,大明宫一度成为唐朝宫廷的代名词。唐长安城有三座大型宫城,许多重大决策和历史事件却发生在这座『千宫之宫』中。在伴随大唐帝国近三百年的兴衰后,大明宫逐渐成为田间村舍、街巷阡陌。20世纪50年代开始探索的大明宫遗址保护,最终开辟了一条遗址保护带动城市发展的新路,让『一无所有』的大明宫重新展示了其蕴含的历史、科学和艺术价值的『万千气象』。这个唐代最为辉煌壮丽的建筑群,一经建成便成为『丝绸之路』上的『东方圣殿』,见证着『丝绸之路』的极盛繁荣……

从大明宫遗址说起

如日之升 则曰大明

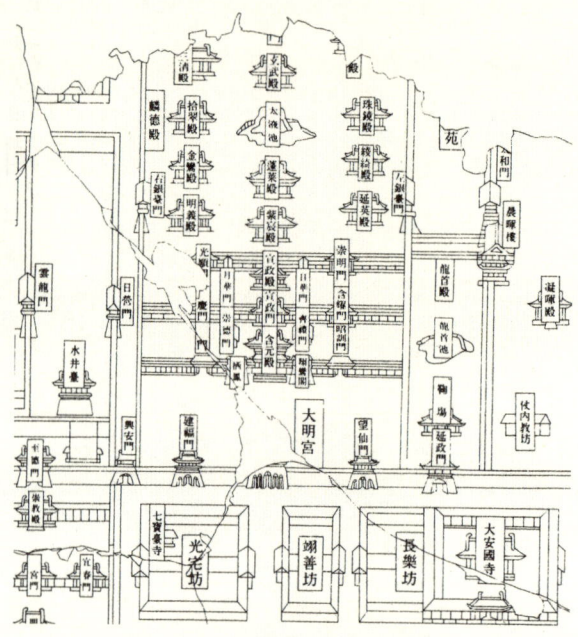

宋吕大防《唐长安城图》大明宫部分

北宋时期著名的政治家、书法家吕大防（1027—1097）在任永兴军知军驻守长安时，对唐长安城进行了全面的考证研究，于北宋元丰三年（1080）绘刻了《唐长安城图》石碑，并立在当时的京兆府公署内，是我国最早的石刻城市地图。金代末年，石碑毁于战乱，现存于世的仅有西安碑林博物馆馆藏的《唐长安城图》中的唐兴庆宫图。由于吕大防生活的年代距离唐代不远，因此《唐长安城图》具有极高的史料价值。后来，日本学者平冈武夫在前人研究成果的基础上进行了补绘，让我们得以一览唐长安城的雄壮伟丽。在《唐长安城图》的一角，斑驳的裂纹处宫殿鳞次栉比、布局严整、气势恢宏，这便是本书所要讲述的大唐帝国的政治中心——大明宫。

九天阊阖开宫殿

公元7至9世纪,是中华文明的巅峰时期。此时的大唐帝国,其疆域最东涵括几乎整个朝鲜半岛,最西到达中亚咸海之滨,最南抵中南半岛,最北绵延至广袤的西伯利亚。更为重要的是,大唐帝国不仅仅是军事意义上的大一统王朝,更是一个以高度文明辐射八方的文化帝国,帝国的威震八荒,与其说是武力征服,不如说是文明宣威。诗歌的浸润、胡风的影响、音乐歌舞的盛行、各种文明的输出与输入,在中华大地上生长成一个无比辉煌、无比强盛、无比荣光的令人眼花缭乱的盛世。

帝国的首都长安城,更因其开明的政治、繁荣的经济、发达的文化,成为当时享誉世界的国际大都会。唐长安城原本是隋朝开皇二年(582)创建的大兴城,唐朝开国后,改名长安,沿袭为都。这座按照总体设计规划施工建造的都城,以规模宽广宏大、制度精严、设计周详著称于世,外郭城面积即达84.5平方公里,加上城北苑城,总面积不少于200平方公里,是中国古代历代都城中规模最大的一座。都城还以中轴对称、坊市规整划一的隋唐都城宫室制度,对周边国家、民族政权及后世产生了深远影响。

唐长安城拥有三处大型宫城,它们分别是位于外郭城内正北的隋大兴宫,唐时改称太极宫,唐初的皇帝在此朝寝;玄宗时又将其未继位时的王府旧居扩建成兴庆宫;唐高宗则在城北禁苑中建成大明宫。大明宫因规模最大、制度完备、皇帝朝寝时间最长,被看作是大唐帝国的统治中心和国家象征。它还作为唐朝对都城的最大增建项目,标志着唐代建筑技术与艺

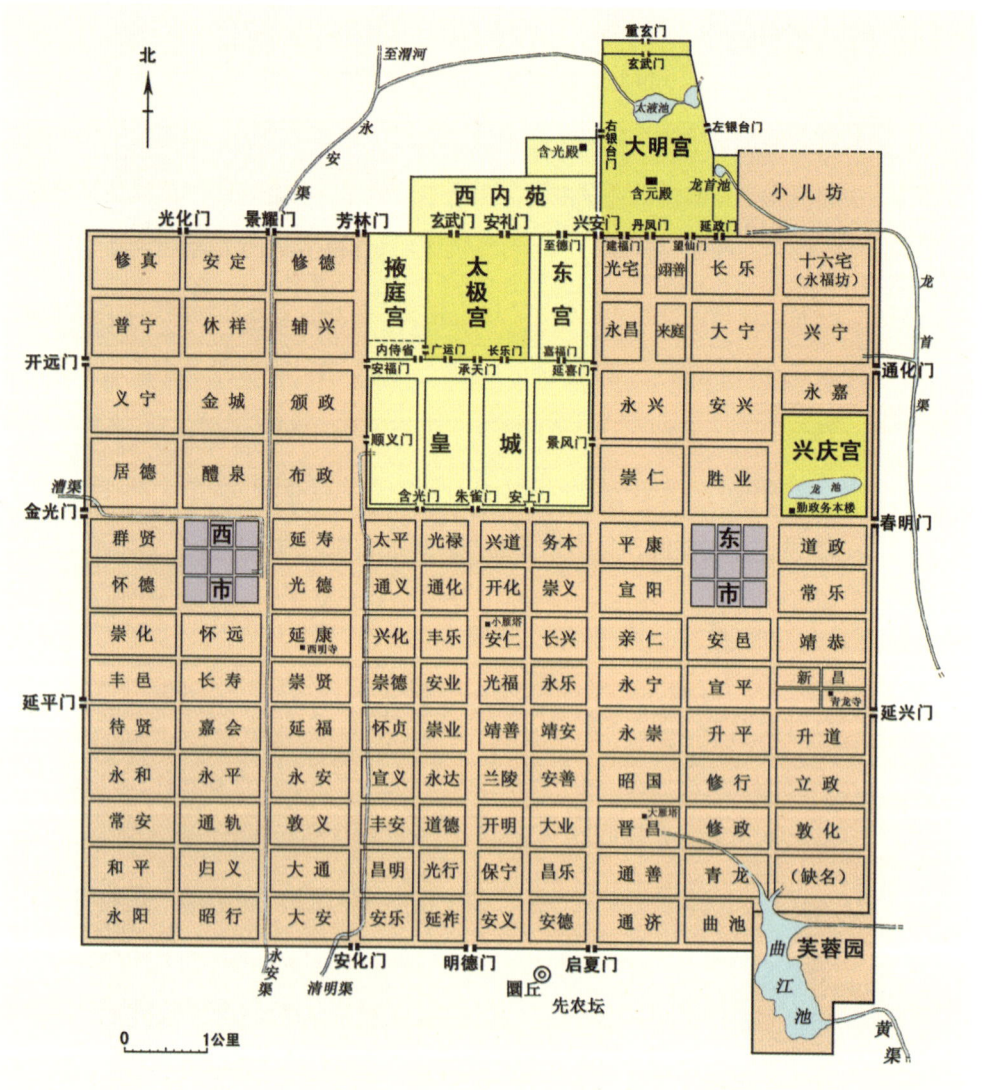

唐长安城图

术的高度成就，被认为是唐代宫室制度和建筑文化的典型代表。

大明宫的修建不是一蹴而就的，整个营造过程较为曲折、时间跨度较长，先后经过贞观八年（634）、贞观二十年（646）（此说见高本宪《唐太宗大营北阙考》，《文博》2006年第6期）、龙朔年间（661—663）的三次大规模营造，工程方告结束。此后，大明宫成为唐朝皇帝的主要朝会和寝居之所，成为继太极宫之后的帝国正宫。

大明宫始建于唐太宗贞观八年（634），初作为唐高祖李渊的避暑之所而建。武德九年（626）六月，改写帝国命运的"玄武门之变"爆发，本来无缘帝位的二皇子李世民在弑兄弑弟后取得了帝国大业的继承权，李渊被迫让出皇位，父子关系也由此变得更加微妙。李渊退位初期，仍居太极宫，贞观三年（629）四月才徙居到长安城西北面的大安宫。大安宫位于宫城禁苑中，虽然使李渊摆脱了太极宫的潮湿，但每年夏季的炎热酷暑仍然挥之不去。每年此时太宗便会携嫔妃、子女到麟游九成宫避暑。年老体弱的李渊不愿舟车劳顿远赴隋炀帝弑父篡位之地避暑。于是，在弑兄逼父阴影下登基的李世民，为洗刷不孝之名，接受监察御史马周建议，为太上皇营造一处避暑新宫室，"以称万方之望，则大孝昭乎天下"。贞观八年十月，营建工程开始动工，宫址选在"禁苑东偏，旧太极宫后苑之射殿，据龙首山"，即在长安城北禁苑中的龙首原高地，"公卿百僚争以私财助役"。新宫殿初名为永安宫，贞观九年（635）正月，改为大明宫，取其"如日之升"之意。贞观九年五月，李渊因病去世，仅持续八个月的大明宫营

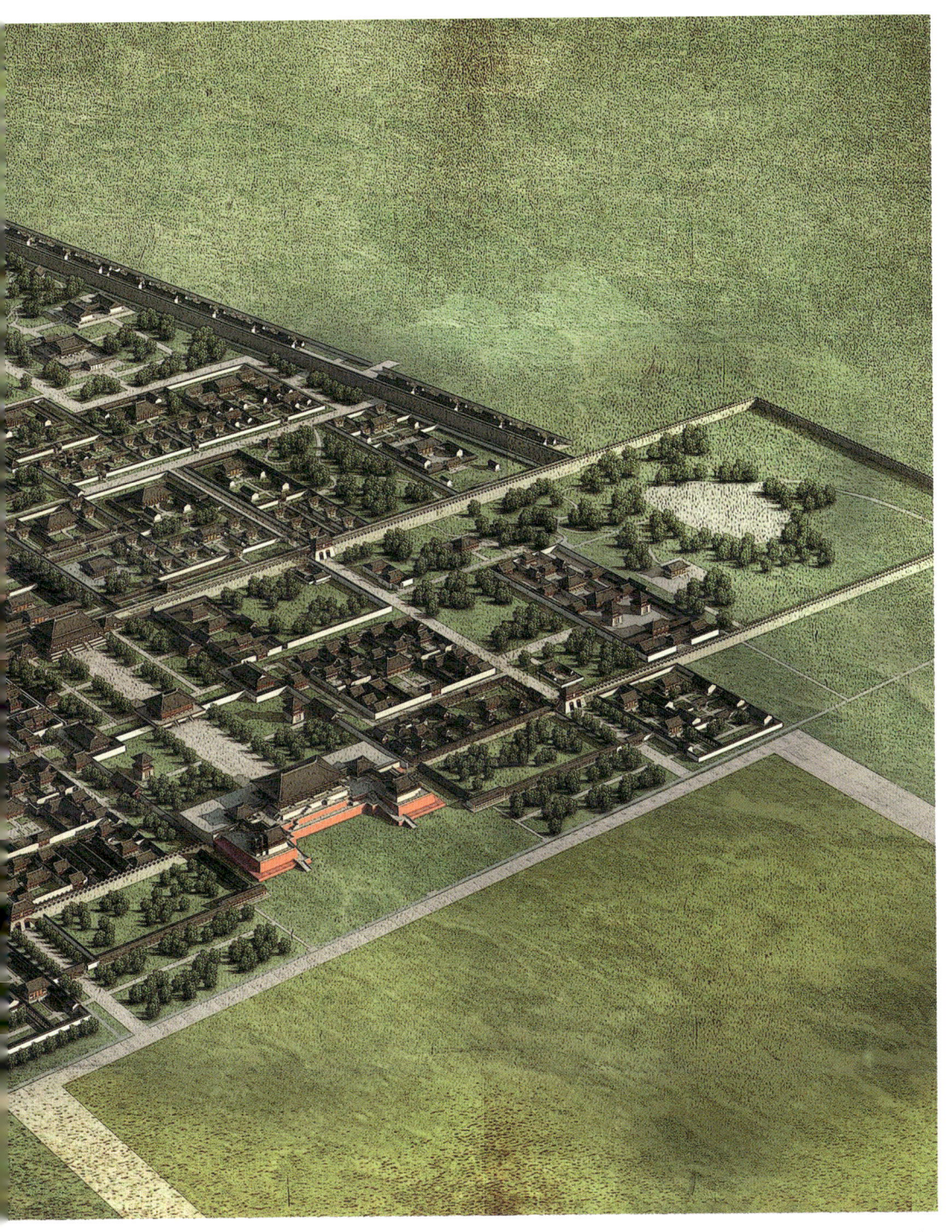

大明宫复原总鸟瞰图（来源《大明宫复原研究》）

建工程停工。

至唐高宗李治时，高宗因患风痹厌倦太极宫闷热潮湿环境，加上皇后武则天也急欲搬离太极宫以摆脱王皇后和肖淑妃化厉鬼报复的连连噩梦，决定重新动工修建大明宫，由司农少卿梁孝仁主持，在地势较高的大明宫原址继续大规模地扩建新的宫殿群。在举朝人士的有力支持下，短短两年时间便初具规模。至龙朔二年（662）四月，大明宫大部分宫殿完工，高宗及武后迫不及待地从太极宫迁来居住，取殿后蓬莱池为名，将大明宫改为蓬莱宫，意为"如山之寿，则曰蓬莱。"龙朔三年（663），朝廷又下诏征收延、雍、同、岐等十五个州的赋税，作为后续完善大明宫的资金。不久又裁减在京官员一个月的俸禄，以资助修建大明宫。同年四月，含元殿建成。接着，紫宸殿完工，皇帝开始在此处理政事。此后不久，又建成了著名的麟德殿。这期间"制蓬莱宫诸门殿亭等名"，将已有的和新建成的宫门和殿堂统一命名，其中蓬莱殿与新宫名对应，未作改动。之后，又陆续添建许多宫殿及附属建筑。

随着麟德殿及其他殿阁楼台的竣工，一座气势恢宏、雄伟壮观的大明宫呈现在世人面前。《新唐书》记载，大明宫"长千八百步，广千八十步"。据考古实测，大明宫宫城周长7375米，宫区面积达3.2平方公里，其中西宫城长2256米，北宫长1135米，东宫长2310米，南宫城是长安城北郭东边的一段，长1674米。大明宫整体上看似一楔形，南半部是一规整的长方形，北半部是半梯形，"丽宇芳林对高阁"般奢华精巧。《长安志

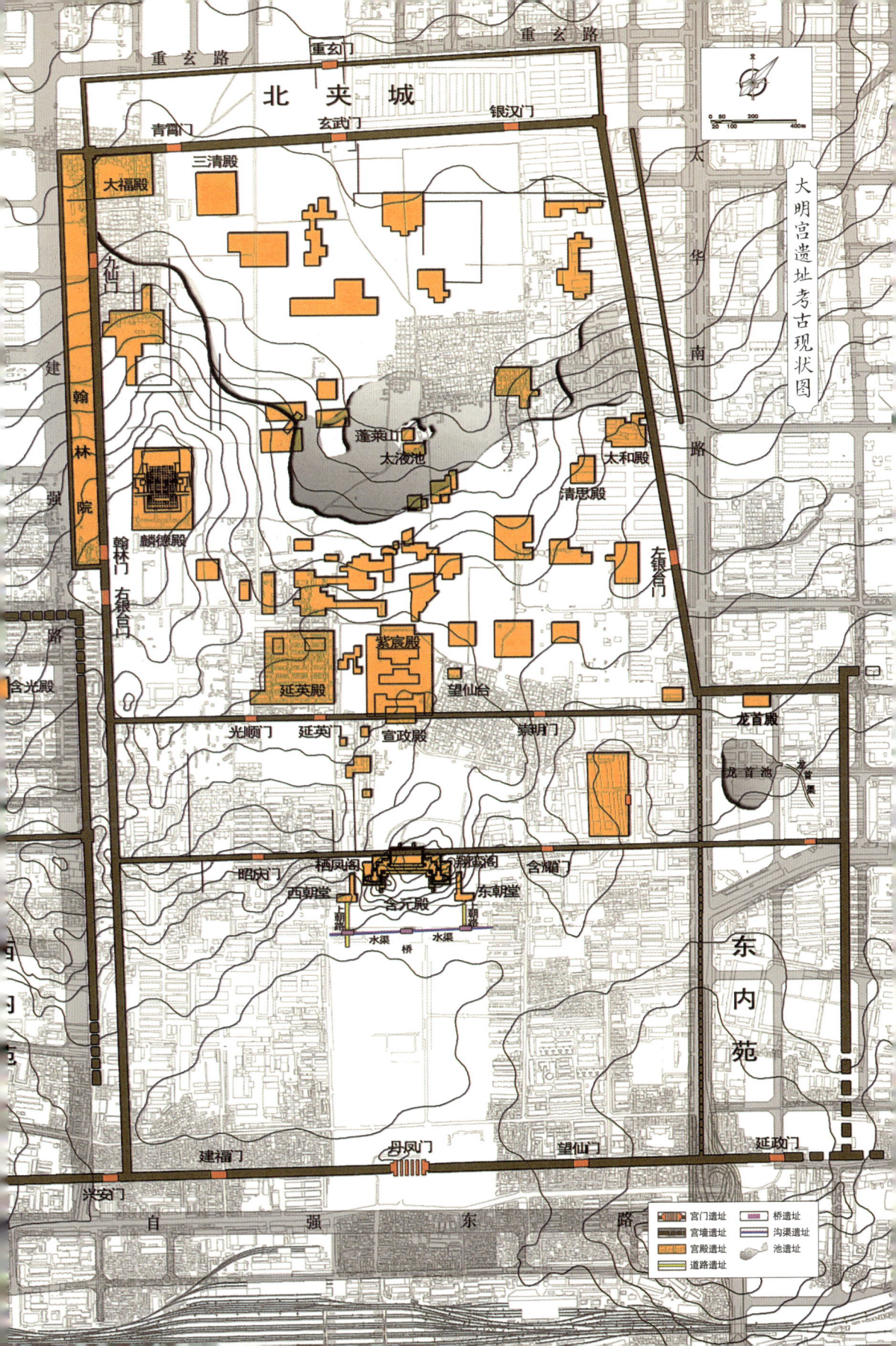

大明宫遗址博物馆内模拟展示的大明宫修建过程

图》《陕西通志》《两京城坊考》《关中胜迹图志》等众多古代典籍中都记载了大明宫的布局结构并绘有图形，据《两京城坊考》图载，大明宫多达二十四门、十九殿、四省、七院及楼台堂观池亭等建筑上百处。大明宫的建成为唐朝宫廷政治生活展开更广阔的舞台，也促进了各项宫廷礼仪制度的革新与完备。

一轴两街三墙五重城

大明宫宫内的布局，总体可概括为两点，一是"前朝后寝"，即继承传统宫室制度，将宫内空间区划分隔成南北两部分，南半部为前朝区，北半部为后寝区；二是严格按照中轴线九重对称法配置建筑。

　　大明宫的基本布局采用"前朝后寝"的传统建筑原则，并按自然地形形成了以含元、宣政、紫宸三座正殿为中轴线的前朝政务区和以太液池为中心的后廷苑囿居住区，规制十分严整。大明宫前朝区中轴线上依次排列着丹凤门、龙尾道、含元殿、宣政门、宣政殿，以及内朝的紫宸门、紫宸殿等建筑，前朝区的规划极为严密、规整，总体布局呈现为"一轴、两街、三墙"。三道宫墙与南宫城、北宫城合为"五重"，再加上南边的南郭城、皇城南城和北边的内苑苑城、禁苑苑城，共为"九重"，符合都城之中轴九重制度。含元殿居第四重，属外朝，行元正（也作元日）、冬至大朝贺之仪；宣政殿居五重之地，地位最为尊崇，相当太极宫之太极殿，是皇帝举行即位、册尊号、册太子、朔望大朝会、制举殿试等重大礼仪动的场所；紫宸殿则是内朝正殿，皇帝在此议政，属常朝性质，不设仪仗，称"上阁"或"上阁"。

　　丹凤门是大明宫的正南门，建有巍峨的门楼，常供皇帝御临，是宣布登基改元、颁布赦令等重要政治活动的场所。丹凤门两边的建福门和望仙门通常为百官上朝所用，建福门西面的兴安门则是进出大明宫后宫的主要通道，通常也在此举行接受降俘的仪式。玄武门是大明宫的北面正门，考古发掘仅发现一个门道，门基座东西长34.2米，南北进深16.4米，门楼基座上大下小呈梯形。皇帝和妃嫔通常通过玄武门沿着玄武门外侧夹城复道去曲江池游乐。

丹凤门往北有一长达640余米的殿庭广场，直通含元殿。含元殿于龙朔三年（663）四月建成，其名取"含弘光大""元亨利贞"之意，为大明宫的正殿，是皇帝举行元正、冬至等大朝会的场所。含元殿建在龙首原南坡高地上，地势高敞，由于龙首原上下高差10余米，只能将其凿筑成三层平台即"太阶三重"，在其上建筑殿堂。据考古实测，殿台基高3.5米，东西长77米，南北宽43米，殿面阔11间，进深4间，每间宽5.3米。在含元殿东西两侧偏南30米处还建有翔鸾、栖凤两阁，均在北侧设有廊道与含元殿相接。含元殿的特殊地形及其形制，形成了百官上朝时"双阙龙相对，千官雁一行"之景象。含元殿是一处巍峨恢宏的宫殿，其规格仅从宫殿台基上遗留的直径70余厘米的一大型础石便可窥一二，可知用作宫殿立柱的木材之巨。唐朝诗人李华的《含元殿赋》中也有记录："命征磐石之匠，下荆扬之材。"

宣政殿位于含元殿正北300米处，是大明宫中轴线上的第二个主殿，是三个主要正殿的核心。唐王朝的主要咨询、决策机构设立在其左右，如宣政殿东南侧有门下省、弘文馆、史馆、待诏院等，西南侧有中书省、御史台及殿中内、外院。皇帝常在宣政殿处理日常朝政，进行上朝、召集百官议事等政治活动。宣政殿还举行殿试举人和读时令的活动和仪式。据考古实测，宣政殿规模要比含元殿略小，宣政殿的基址东西长近70米，南北宽40余米。

紫宸殿位于宣政殿以北90余米处，是大明宫中轴线上的第三个主殿，据考古实测，殿基南北宽近50米。紫宸殿本属寝殿，但皇帝有时在紫宸前殿坐朝问政，当时的官员因被宣召入紫宸殿，又称为"上阁"，官员皆以此为荣耀。紫宸殿还曾举行过考试举人和接见番邦使者等政治活动。

后寝区的建筑分布稍微散乱，大体上利用自然地形围绕太液池建置，宫内的殿室大多分布在后寝区，且许多殿室为经年逐步添建，因此不像前朝区那样规整划一。大致可划分成位于紫宸殿以北、以东的主要寝殿分布区，包括含凉殿、蓬莱殿、长生殿、浴堂殿、清思殿等；而从光顺门至右银台门一带则是后宫中的政事区，包括延英殿、金銮殿、麟德殿等场所。

麟德殿是大明宫内规模最大的一组宫殿建筑群，它包括前殿、中殿、后殿三部分，又称"三殿"。据考古实测，其大殿基台分上、下两层，下层台高1.4米，东西宽77米，南北长130米；上层台高1.1米，东西宽65米，南北长约100米。以前、中、后三殿串联形式布局，共用柱192根。中殿上部筑有阁楼，殿台基东侧另置有郁仪楼，西侧对称置有结邻楼，二楼前有各置一亭，称"东亭""西亭"。麟德殿规制宏伟，结构独特，堪称唐代建筑的经典之作，它是皇帝举行宴会、娱乐、接见外国使节的场所。

大明宫北部中央有一处风光秀丽、碧波荡漾的人工湖泊——太液池，它地处龙首原高地北侧低地，分西池和东池两个部分，西池为主池，据考古勘探得知，面积约14万平方米；东池平面略呈圆形，面积约3.3万平方米。太液池是深受皇帝妃嫔喜爱的休闲消暑之地，建有多处亭台殿阁。

如在太液池南岸的含凉殿，既曾是高宗和武后居住的寝殿，也是皇帝妃嫔的避暑之地。太液池北岸还建有自雨亭，也是皇帝纳凉之所。在太液池的东南岸，有一处广阔的庭院，称为清思院，院内有一华丽的殿堂，即清思殿，是敬宗时所建的寝殿，德宗曾在此居住。清思殿以南还有绫绮、浴堂、宣徽等殿。太液池的南岸有蓬莱、还周、金銮等殿。这些宫殿多为寝殿。

几经劫难终毁废

大明宫作为唐代帝王主要朝寝的宫城，高宗最先在此朝寝，此后又历武则天、玄宗、肃宗、代宗、德宗、顺宗、宪宗、穆宗、敬宗、文宗、武宗、宣宗、懿宗、僖宗、昭宗十五位皇帝在此朝寝。许多重大的决策和历史事件在此发生。如文宗大和九年（835）的"甘露之变"。事变中，宦官杀戮官员数百人，以致朝中为之一空。

到了唐朝末年，兵连祸结，大明宫几经劫难，终被毁废。先是唐僖宗广明元年（880），黄巢的农民起义军在李克用及义成、义武等诸路唐军的围剿下，力战不殆，不得不退出长安。走前，起义军"焚宫闱、省寺、居第略尽"。李克用等唐军攻入长安城后，却又进行"暴掠"，"争货相攻，纵火焚剽，宫室居市闾里，十焚六七"，以致"长安室屋及民居所存无几"。光启元年（885），李克用、王重荣在沙苑联合击败宦官田令孜、朱玫、李昌符的"王师"，田令孜等兵败返回长安挟天子出逃凤翔，宫室再次被乱兵焚掠，"唯昭阳、蓬莱三宫仅存"，此时大明宫尚存。昭宗乾宁三年

大明宫遗址出土的鎏金铜狮

（896），凤翔节度使李茂贞率军入犯长安，致使"宫室廛闾，鞠为灰烬，自中和以来葺构之功，扫地尽矣"。天复元年（901），朱全忠依仗兵力，打败李茂贞，并吞关中，遂生出篡位之心，挟昭宗迁都洛阳，同时还"驱徙士民"同迁，"号哭满路，老幼襁属，月余不绝。"车驾刚离长安，朱全忠复"毁长安宫室、百司及民间庐舍，取其材，浮渭沿河而下"，这样"长安自此遂丘墟矣。"自此，从唐初创建至唐末毁废的大明宫，在伴随大唐帝国盛衰荣辱近三百年之后，退出了历史舞台。

唐鎏金铜铺首

丹凤门

玉帛朝元万国来 鸡人晓唱五门开

　　铺首是中国古代传统建筑门上的装饰件。铺首的形象源自先秦的饕餮纹，但历代形象并不相同，有制兽吻者，有制蟾状者，又有制龟蛇状及虎形者，盖取其善守门、又有镇凶辟邪之意。门扉上的环形饰物，大多制兽首衔环之状。这件大明宫遗址出土的鎏金铜铺首，直径26.5厘米，环径20.6厘米，通体鎏金，正面为兽面纹，睁目蹙眉，阔口大张，利齿毕现，舌卷铜环，面目凶恶狰狞。应为大明宫内某建筑门上的装饰件。

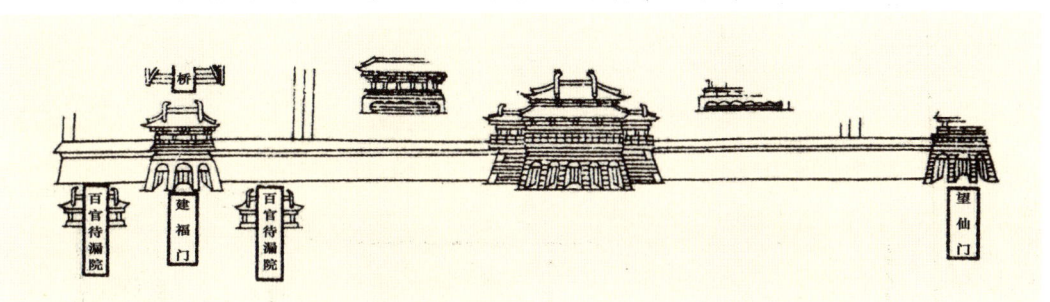

宋代吕大防《唐长安城图》中的大明宫丹凤门

丹凤门位于含元殿南面约610米处大明宫南宫墙中部，是大明宫的正南门，有个5门道，是大明宫内唯一有5门道的宫城门。丹凤门还是隋唐时期规模最大、门道最宽、马道最长的城门。丹凤门上建有城楼，是宣布登基、改元、颁布大赦令及举行宴会等重要政治活动的场所。

大明宫的南墙沿用当时隋唐长安城北城墙东段，丹凤门是在隋唐长安城北墙东段上新开辟的城门，北面与含元殿相对，以御道相连，西边有建福门、兴安门，东边为望仙门、延政门。门外东西两侧有顺城街，向南开辟有宽约176米的丹凤门大街，是长安城中最宽的南北向街道。

丹凤门始建于唐高宗龙朔二年（662）。丹凤是一种头和翅膀长着红色羽毛的凤鸟，是传说中的神鸟之一。古人又认为丹凤是传递诏书的使者，唐人黄滔在其诗《贺清源仆射新命》中曾有"二天在顶家家咏，丹凤衔书岁岁来"的描述，这也许是丹凤门命名缘由。安史之乱给唐朝统治者带来

了巨大的心理阴影,至德三载(758)正月二十七日唐肃宗便下令将城门、坊门名称中含"安"字或"安"声的都统一更改,丹凤门因此改称明凤门。沿用不久后,又恢复旧名。

早在1957—1959年,中国社会科学院考古研究所就对丹凤门遗址进

丹凤门遗址全景鸟瞰

行了钻探,当时发现丹凤门只有三个门道。2005年9月至2006年1月,配合西安市实施的含元殿-御道遗址保护展示工程,中国社会科学院考古研究所又对丹凤门遗址进行了全面发掘,取得了重要的考古成果。发掘结果表明,丹凤门遗址是用黄土夯筑而成,被焚烧后废弃的。整个遗址由

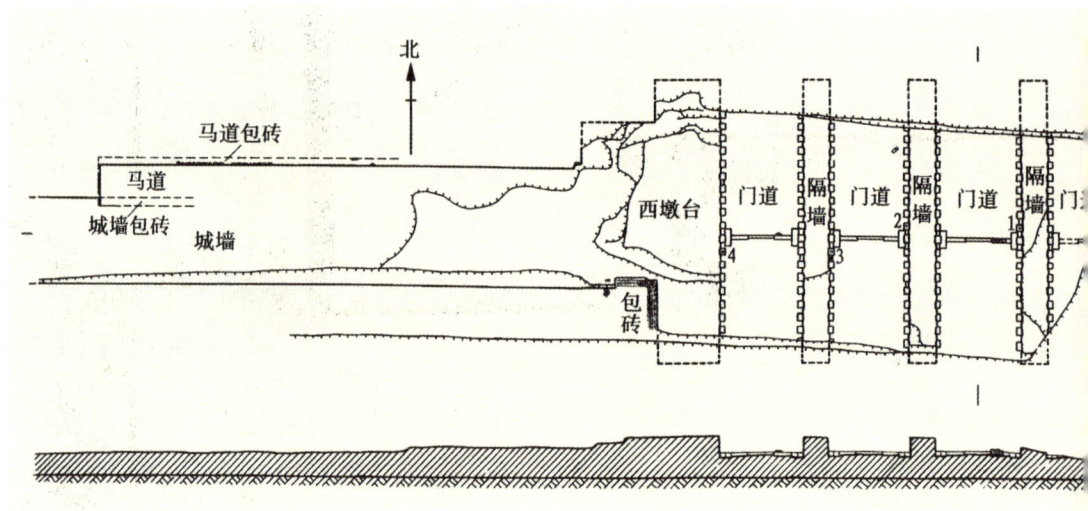

丹凤门遗址剖面图

东、西墩台，5个门道，4道隔墙及东、西两侧城墙和马道构成。丹凤门遗址平面呈长方形，门址基座东西长74.5米，南北进深33米，现存地面遗址最高高度为2米，唐代地面以下的基础深2.2米，门址北偏东1°22′，恰好与含元殿中轴线角度一致。此次考古发掘系统完整地揭露出丹凤门址、墩台、城墙、马道等遗迹，尤其是首次发现了丹凤门为5门道的形制，修正了1959—1962年考古钻探的初步结论，证实了相关历史文献记载，最终解决了有关丹凤门形制的学术争议。

丹凤门是唐朝皇帝出入大明宫的主要通道。丹凤门平时是不开启的，只有在举行重大活动或者皇帝要出入时才会开启。据《册府元龟》卷二七《帝王部·孝德》记载，至德二载（757）十二月丙午，安史之乱平定后

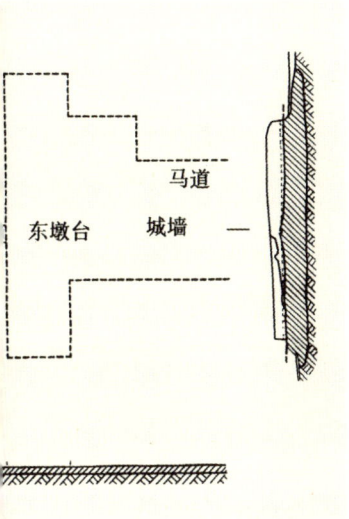

唐玄宗自四川结束流亡归来，肃宗亲至望贤宫奉迎，玄宗对臣下说："吾享国长久，吾不知贵；见吾子为天子，吾知贵矣。"群臣皆呼万岁，肃宗避驰道，执鞭引导玄宗自开远门至丹凤门，一路连棚夹道，兵马旗帜照耀都城，耆老僧道又垂泪哭泣又手舞足蹈，都说："不图今日天下再安，复睹二圣。"长安城中百姓观看者有数万人。后由丹凤门入大明宫。这段引文明确指出，皇帝从较远的隋唐长安城西城墙的开远门绕到丹凤门进入大明宫，从距离和道路上来说，其实从开远门到建福门更便利，但是却选择从丹凤门入大明宫，正是说明丹凤门是皇帝出入大明宫的专用通道。《唐会要·缘庙裁制下》也记载：元和元年（806）十二月，唐宪宗自南郊圜丘祭祀回来，从明德门里开始一路鼓吹引导皇帝御驾至丹凤门。唐人张祜在《元日仗》中云：

文武千官岁仗兵，万方同轨奏升平。

上皇一御含元殿，丹凤门开白日明。

丹凤门还是举行宣布登基、改元等重要政治活动的场所。唐代含元殿是外朝正殿，丹凤门—含元殿这一区域整个构成大明宫的外朝，而丹凤门外即是唐长安城，许多类似宣布新帝登基、改元等重要政治活动都安排于此，便于朝廷对百姓直接发布一些天下广知的政令信息。中国历史上皇帝即位时会改换新的年号称为"改元"，每个年号开始的一年称"元年"。每个皇帝在位期间有时会因"天降祥瑞"或者遇到自然灾害、叛乱等内忧外患事情而改换年号，这也是改元。唐朝历代皇帝中，太宗在位22年始终只有"贞观"年号，是唐代最不爱改元的皇帝。最爱改元是高宗和武则天夫妻俩，高宗在位55年，改元14次，是唐代皇帝中改元次数最多的。武则天比起她的丈夫更是不遑多让，在位15年却有13个年号。玄宗以后的唐代诸帝发布登基、改元等活动往往在丹凤门进行。如至德三载正月丁未，肃宗御丹凤门，发布改元政令"改至德三载为乾元元年"，并大赦天下。元和元年（806）春正月丁卯，宪宗"御含元殿受朝贺。礼毕，御丹凤楼，大赦天下，改元曰元和。"

丹凤门还有一个重要功能是在此举行大赦活动。唐朝前期的大赦活动多在太极宫的承天门或隋唐洛阳城的则天门（又名应天门）举行，玄宗之后大多在丹凤门进行。举行大赦的场所往往随着皇帝居住地的变动而发生变化。

大赦是中国古代赦免制度的一种，是皇帝宣扬"仁政""广施恩德"的直接手段。赦宥思想古来有之，最早可以追溯到先秦时期的《易·解卦》，其中提到"君子以赦过宥罪"，孔颖达进一步解释说："赦谓放免，过谓误失，宥谓宽宥，罪谓故犯。过轻则赦，罪重则宥，皆解缓之意也。"到了唐代，赦免制度集古之长达到了成熟阶段。这时期的赦免制度包括大赦、

丹凤门遗址保护展示工程实施后的丹凤门

减降、录囚、曲赦及别赦五种类型，其中大赦的效力最高，范围最广，是赦免制度的核心。宋代史学家胡三省认为大赦始自秦朝，他指出："赦，自古有之，至于大赦，则始于秦。高祖既并天下，即皇帝位，大赦天下，后世因之为永制。"

唐代大赦颁行的契机主要有即位、改元、祭祀、册尊号、平叛等。据笔者不完全统计，在丹凤门举行的大赦活动约29次，多因改元、册尊号、祭祀等而举行。改元象征着国家更始和自新，发布大赦令的意图是宣示国家开启统治新纪元。在帝王即位、改元的时候行赦，这是德政的表现，是能让百姓普遍感受到皇恩浩荡的。如据《册府元龟·帝王部·赦宥第八》记载：唐顺宗贞元二十一年（805）正月即位，二月甲子御丹凤门，大赦天下。这次大赦涉及范围广，赦免内容包含赦免犯罪者，"已发觉未发觉、已结正未结正，系囚见徒，罪无轻重，常赦不原者，咸赦除之"；赦免降职官员，"左降官量移近处，如复资者任依常调赴选，如有亲故在上都，任于所司陈状，便与处分。别敕因责授降资正员官者，亦进改。亡官失爵、放归不齿者，量加收叙。流人放还"；赦免僧尼道士，"僧尼道士移隶者，罪人已亡殁，家口未许归者，一切放归"；赦免税赋，"天下百姓应欠贞元二年二月三十日已前榷酒及两税钱物、诸色逋悬，一物已上一切放免。京畿诸县应今年秋夏青苗钱并宜放免。"唐人李益曾现场观摩了德宗即位改元丹凤门大赦，留下诗作《大礼毕皇帝御丹凤门改元建中大赦》：

大明曈曈天地分，六龙负日升天门。
凤凰飞来衔帝箓，言我万代金皇孙。
灵鸡鼓舞承天敕，高翔百尺垂朱幡。
宸居穆清受天历，建中甲子合上元。
昊穹景命即已至，王事乃可酬乾坤。
升中告成答玄贶，泥金检玉昭鸿恩。
云亭之事略可记，七十二君宁独尊。
小臣欲上封禅表，久而未就归文园。

祭祀是古代国家的大事，对于唐朝来说南郊祭祀尤为重要。古人认为皇帝是天之子，皇权受命于天，故唐代帝王每逢即位、改元、冬至、正月上辛祈谷、孟夏雩祀等重要日子，便率文武百官从明德门出赴南郊圜丘祭拜"昊天上帝""五方上帝"等，祈祷神明护佑统治稳固、风调雨顺。唐后期皇帝于唐长安城南郊圜丘祭祀结束后必登上丹凤门楼举行大赦活动。如《唐会要·亲拜郊》记载，元和二年（807）正月辛卯，宪宗祭祀昊天上帝于圜丘。当天，回到大明宫即登丹凤楼，大赦天下。先前，在圜丘将要行大礼时，天气突然阴沉下来，宰相奏请改日再祭。宪宗说："郊庙祭祀这件事很重要，我为此斋戒了好几天，不可突然改变更。"待进行享献仪式的时候，天气晴霁起来，在场的人们心情随之欢欣愉悦。从以上我们得知，祭祀对于唐代皇帝来说是国家大事，祭祀前要斋戒沐浴。圜丘祭祀结束后会到丹凤门举行大赦活动。这类记载还有很多，如《册府元龟·帝

泡钉

铭文瓦

铭文砖

琉璃瓦

丹凤门遗址出土的部分文物

王部·求贤第二》载：乾元元年（758）四月，肃宗于圜丘郊祀礼毕。第二天，御丹凤门，大赦天下。《旧唐书》还载：

贞元元年（785）十一月癸卯，唐德宗亲祀昊天上帝于圜丘。当时河中浑瑊、泽潞李抱真、山南严震、同华骆元光、邠宁韩游瑰、鄜坊唐朝臣、奉诚康日知等大将侍从祭祠。祭祀结束后，还宫，御丹凤门楼，大赦天下。

贞元六年十一月庚午，太阳升至南方，德宗亲祀昊天上帝于圜丘。礼毕还宫，御丹凤门楼宣赦，"见禁囚徒减罪一等，立仗将士及诸军兵，赐十八万段匹。"

宝历元年（825）春正月辛亥，敬宗观看祭祀昊天上帝于南郊圜丘。礼毕，敬宗御丹凤楼，大赦天下，改元"宝历"。

大和三年（829）十一月甲申，文宗亲祀昊天上帝于南郊圜丘，礼毕，御丹凤门，大赦。

会昌元年（841）正月庚戌，武宗于郊庙圜丘祭祀，礼毕，御丹凤楼，大赦，改元。

大中元年（847）春正月戊申，宣宗于郊庙圜丘祭祀，礼毕，御丹凤门，大赦，改元，

咸通元年（860）十一月丁未，懿宗于郊庙圜丘祭祀结束后，御丹凤门，大赦，改元。

咸通四年（863）春正月庚午，懿宗于郊庙圜丘祭祀结束后，御丹凤楼，大赦。

乾符元年（874）十一月庚寅，僖宗于宗庙祭祀结束后，御丹凤门，大赦，改元"乾符"。

此外，还会因皇帝得到尊号而在丹凤门举行大赦活动。尊号是尊崇皇帝、皇后的称号，宋人宋敏求在其著作《春明退朝录》中指出："尊号起于唐，中宗称应天神龙皇帝，后明皇称开元神武皇帝，自后率如之。"尊号源起唐代，以后朝代沿袭。因尊号而举行大赦活动也是自唐开始的。据《旧唐书》记载：

元和三年春正月癸巳，群臣给唐宪宗上尊号曰睿圣文武皇帝。宪宗御宣政殿受册，礼毕，移仗御丹凤楼，大赦天下。

元和十四年秋七月辛巳，群臣再次给宪宗上尊号曰元和圣文神武法天应道皇帝。当天，宪宗御宣政殿受册，礼毕，御丹凤楼，大赦天下。

长庆元年（821）秋七月壬子，群臣给穆宗上尊号曰文武孝德皇帝。当天，穆宗受册于宣政殿，礼毕，御丹凤楼，大赦天下。

宝历元年夏四月癸巳，群臣给文宗上徽号曰文武大圣广孝皇帝，文宗御宣政殿受册。礼毕，御丹凤楼，大赦天下。

有时因平定叛乱也会在丹凤门举行大赦。如《旧唐书·肃宗本纪》记载：至德二载十二月戊午朔，以安史之乱基本平息，玄宗回到长安，肃宗御丹凤门，下制大赦。

除此，连唐末农民起义领袖黄巢也在丹凤门举行过大赦。据《旧唐书·僖宗本纪》记载：广明元年（880）十一月壬辰，黄巢占据了大明宫，建立大齐政权，年号为金统。在丹凤门举行大赦。赦书云，"揖让之仪，废已久矣，窜遁之迹，良用怃然。朝臣三品已上并停见任，四品已下宜复旧位。"

丹凤门大赦活动仪式有标准的流程。《旧唐书·刑法志》记载：在大赦当天，武库令在丹凤门外的右边设置金鸡和大鼓，将囚徒集合于丹凤门前。活动一开始，首先要擂鼓千声，待鼓声停止后，在丹凤门楼宣读赦书。宣读完毕，当众释放囚徒。然后将赦书颁行诸州，即用绢布抄下来送至全国各地。大赦仪式中所树金鸡的规格也有明确的规定，《新唐书》载："赦日，树金鸡于仗南，竿长七丈，有鸡高四尺，黄金饰首，衔绛幡长七尺，承以彩盘，维以绛绳，将作监供焉。"普天同庆的大赦，一般不会在仪式结束后草草收场，还会有一些庆祝活动。如《旧唐书·穆宗本纪》载：元和十五年二月丁丑，穆宗御丹凤楼，大赦天下。宣读赦书结束后，还在丹凤门内进行了俳优百戏表演。唐人王建的《宫词》描绘了皇帝从南郊圜丘祭祀回来于丹凤门大赦的情景：

丹凤楼门把火开，五云金辂下天来。

阶前走马人宣慰，天子南郊一宿回。

楼前立仗看宣赦，万岁声长拜舞齐。

日照彩盘高百尺，飞仙争上取金鸡。

唐代在丹凤门举行大赦活动意义重大，影响深远，但频次并不多，原因在于每次大赦都要耗费国家大量资财。如《旧唐书·穆宗本纪》载：长庆元年正月辛丑那次因改元举办的丹凤门大赦，赏赐情况如下："内外文武及致仕官三品已上赐爵一及，四品已下加一阶，陪位白身人赐勋两转，应缘大礼移仗宿卫御楼兵仗将士，普恩之外，赐勋爵有差。仍准旧例，赐钱物二十万四千九百六十端匹贯。"引文显示，依据旧例，此次改元大赦赐钱物二十万四千九百六十端匹贯，也就是说每次改元大赦赏赐钱物基本都在二十万匹贯左右，即位大赦赐物则更多，穆宗即位大赦赐神策军将士一百零八万匹。大赦耗资巨大，对于国家财政是较大负担，每次大赦要事出有名，才能得到朝臣的支持。大中十二年（858）二月，唐宣宗意欲于丹凤门举行大赦，宰相令狐绹以御楼"所费甚广，事须有名"为由劝谏宣宗，宣宗只好断了此念。《资治通鉴》中对于此事注曰："（唐制）凡御楼肆赦，六军十二卫皆有恩赉，故云所费甚广。"大赦花费甚巨，元和以后，国家财政难以负担，皇帝不得不用自己内库的钱财资助。

皇帝还曾在丹凤门设宴款待周边民族使者。《旧唐书·突厥下》记载，开元十八年（730），突骑施使者苏禄来到京师长安，玄宗在丹凤门楼

唐章怀太子墓壁画《客使图》

3D技术复原的丹凤门

大明宫遗址出土石柱础

设宴。突厥在突骑施之前遣使者入朝,当天也参加了宴会。由于安排不当,两国使者因座次发生了争执。突厥使者说:"突骑施国小,本是突厥之臣,不宜居上。"苏禄使说:"今日此宴,乃为我设,不合居下。"于是中书门下及百官商议,遂于东西幕下两处分坐,突厥使在东,突骑施使在西,争端才得以解决。宴会结束后,皇帝赏赐了他们丰厚财物并送他们回国。这是史籍中寥寥的关于丹凤门设宴的记载。

到唐末龙纪元年(889)正月,唐昭宗李晔在太极宫即位后,在承天门宣制大赦,改元"龙纪"。这是唐朝历史上最后一次在丹凤门举行的政治活动。

天祐元年(904)唐昭宗迁都洛阳,大明宫被废毁,丹凤门亦随着唐王朝的衰败而被掩埋在历史的尘埃中。

含元殿

九天阊阖开宫殿　万国衣冠拜冕旒

1907年桑原骘藏摄含元殿石柱础

　　1907年10月，日本汉学家桑原骘藏考察西安古迹，于含元殿殿堂殿阶基上的西南部发现柱础石。础石边长1.35—1.4米，高0.65米，上部为覆盆形，覆盆面高于方形石0.15米，直径0.72米。现今仍保留在含元殿台基原位上展示，础石可承载直径达0.72米的木柱，专家却推测这仅是大殿西山墙南端挡墙柱的础石，从此一础我们可窥见含元殿之巍峨。

含元殿坐落于龙首原的南沿上，距离大明宫南面宫墙正中的丹凤门约610米，是大明宫中轴线上的第一座大殿，是举行盛大典礼和大朝会的重要场所，构成大明宫的外朝空间。含元殿不是一个单独建筑，它是由殿堂、两阁、飞廊、大台、殿前广场和龙尾道共同组成的建筑群。含元殿布局和规制严正，对8世纪日本都城的宫城建筑产生了巨大影响，这一时期的平成宫和平安宫的建制均模仿了大明宫，平成宫、平安宫的正殿则是模仿含元殿而营建。

含元殿建成于唐高宗龙朔三年（663）四月，含元殿名称来历，唐代诗人李华的《含元殿赋》讲得很清楚："含元建名，《易》乾坤之说，曰含弘光大，又曰元亨利贞，括万象以为尊"，可见"含元"二字源于中国古代六经之首的《周易》，取万象为尊之意。含元殿在武则天时曾改名为"大明殿"，殿名与宫名统一，到唐中宗神龙元年（705）又恢复旧名含元殿。

含元殿是一组结构独特的建筑群。巍巍殿堂耸立于三重高台之上，东西两侧有翔鸾、栖凤二阁，似鸾凤展翅，腾空欲飞。殿、阁之间有飞廊相接，两阁之下从南到北依次分布着东西朝堂、肺石、登闻鼓、钟鼓楼和左右金吾仗院。丹凤门以北到含元殿之间是平坦广阔的殿前广场，广场往北有供大臣登级而上含元殿堂的龙尾道，往南辟有专供皇帝出入宫城的御道，所有这些建筑共同构成了含元殿建筑群，也构成了大明宫规模宏伟的外朝区域。整个建筑群恰到好处地利用了龙首原的自然地形，中心突出，主次分明，东西对称，浑然一体，让我们禁不住感叹设计者的精妙。

1907年足立喜六摄含元殿遗址照片

　　殿堂是含元殿建筑群的中心建筑，位于遗址中部偏北的高台上，高出殿前广场10余米。殿堂是将高台凿筑成三层平台，而后建房架屋，故唐人又美称它"太阶三重""玉阶三级"。遗憾的是，遗址破损严重，这种独特形制和结构现在已经难以勘察清楚细节。考古发掘证实，台基近似覆斗形，东西长76.8米，南北宽43米，高3.46米，东、西、北三面均有版筑夯墙，夯墙厚约2.35米，墙面抹白石灰，底部绘有朱红色边线。殿堂面阔11间，进深5间，殿堂占地总面积达1966平方米。专家推测，殿堂应是一座重檐庑殿式建筑。令人扼腕的是，今天含元殿三面山墙和宫殿顶部建筑早已荡然无存，仅东北角的山墙尚留少许残迹。但我们在史籍中仍可探得含元殿的细节模样，李华在《含元殿赋》中记载，仅为寻找适用的

2009年上海世博会大明宫馆,张锦秋先生依据含元殿栖凤阁复原设计建造

殿柱，工匠们需"下荆扬之材，操斧执斤者万人。涉碛砾而登崔嵬，择一干于千木，规大壮于乔枚。"《太平广记》中也记载，开成、会昌年间，含元殿要更换一根腐坏的殿柱，相关部门数年都没有采购到，后来悬赏重金吸引工人去搜寻，终于在人迹罕至的地方找到一棵巨树，其直径将近1丈（约2.9米），长达100余尺（约29.4米），这才符合含元殿殿柱的用料要求。从上述记载中可以看出含元殿殿柱的粗大，可推测含元殿规模之宏伟。

殿堂周围有一圈副阶廊子和飞廊通向两阁，两阁是整个建筑群中仅次于殿堂的重要建筑。在殿堂东南约30米为翔鸾阁，与之相对称的位于西

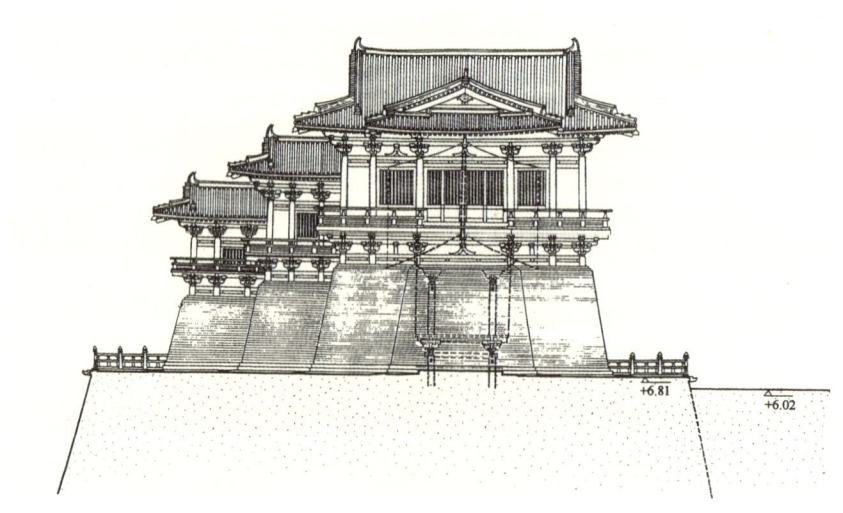

杨鸿勋《翔鸾阁复原图》（北立面）

唐懿德太子墓壁画《阙楼仪仗图》局部

含元殿遗址考古发掘现场

南面的为栖凤阁。两阁由门阙演变而来，推测均是三出阙，即高大母阙附带两个依次减小的子阙。三出阙是中国古代皇帝独享的最高礼制。从考古发掘来看，两阁遗址保存状况较差，最高处是属于栖凤阁，高出墩台台面3.43米。翔鸾阁现存夯土的总厚度为5.2米，两阁基均用纯净黄土层层平夯而成，大部分夯层厚度为10厘米左右，夯层匀称紧实，土质细密，连建筑基础也丝毫不马虎。母阙夯土基部平面呈长方形，翔鸾阁东西长18.4米，南北残宽12.65米，子阙与母阙相连，是一次夯筑的，子阙南北宽9米，东西残长4.1米。栖凤阁保存状况较翔鸾阁相比更差些。史书上关于两阁的记载并不多，唐高宗曾在翔鸾阁"观大酺"，唐肃宗收复长安后，登上栖凤阁观看含元殿前的庆祝活动。

  两阁之下是登殿的龙尾道，龙尾道的意思为长而曲折的坡道，含元殿的龙尾道起自殿前广场的平地，沿两阁内侧的坡道，经三层大台，迂回登上殿堂。白居易曾撰诗"双阙龙相对，千官雁一行"，描写文武官员集体沿龙尾道登含元殿的情景。《雍录》中记述，含元殿前的龙尾道自平地往上曲折七转，从丹凤门往北看，宛如龙尾下垂于地。这是我国首次发现龙尾道位于大殿的左右两侧，一般来说，登殿道路在殿堂正南方，例如故宫太和殿的御道就是如此。含元殿龙尾道形制还对当时边疆民族政权渤海国和邻邦日本产生了深远影响。靺鞨族的政权渤海国于唐天宝末年在今黑龙江宁安市修建了上京龙泉府，龙泉府宫城第一座大殿南面也仿照含元殿龙尾道设了左右阶。日本于708年建成的都城平成京、于794年建成的都城

螭首

平安京的宫城正殿也是两侧坡道迂回上殿，仿照了含元殿龙尾道的形制。

龙尾道蜿蜒曲折、盘蜒而上，使唐朝的文武官员登殿也绝非易事。唐宣宗大中十二年（858）元正，皇帝御驾含元殿受朝贺，太子少师柳公权当时已年过八十岁，带领百官沿龙尾道登殿后，疲惫至极，以致将皇帝尊号"圣敬文思和武光孝皇帝"误念成"光武和孝"，因此遭到御史弹劾，被罚了一季的俸禄，此事使柳公权声名受损，官宦生涯也留下了遗憾。

整个含元殿建筑群雄踞龙首原高坡，其势如《含元殿赋》中所述"进而仰之，骞龙首而张凤翼"，"退而瞻之，岌树颠而萃云末"，含元殿如此高大、气势磅礴，见者无不发出"仰观玉座，如在霄汉"的感叹。登上大殿往南看则有"终南山如指掌，京城坊市街陌俯视如在槛内"之感，远至秦岭，近到长安的大街小巷尽收眼底，宫廷禁苑一览而无余，"初唐四杰"之一的骆宾王曾撰诗曰"不睹皇居壮，安知天子尊"，间接描绘了大明宫的宏伟高大，让安坐在含元殿的帝王是如此的尊贵、高不可攀。

宏伟如斯、壮丽如斯的含元殿是做什么用的呢？含元殿地处大明宫"三朝"中的外朝，是举行外朝大典的唯一场所。元正和冬至是唐代非常重要的两个节日，帝国会于当日在含元殿举行规模盛大、仪式隆重的国家大典。

元正即夏历正月初一，是中华民族最

含耀门遗址出土善业泥佛像

唐天宝五载西坊官砖

隆重的传统佳节。在这一天,大明宫装饰一新、张灯结彩,含元殿的布置更是华贵至极,连皇家珍藏的无价之宝都从大盈库取出陈设其中,宫廷乐师们演奏着大气悠远的宫悬之乐。古人以礼乐治国,按照礼制,宫悬之乐只能在元正大朝会上演奏,即使像祭天这样重大的祭祀活动也不能使用,仅能演奏登歌乐。皇帝乘着车辂,在黄麾仗的簇拥下(据范文澜《中国通史》描述,黄麾仗有10800余人,3900余骑,共分八节,皇帝、皇太后、皇后等在第六节),身着衮服、头戴冕冠驾临含元殿。衮冕之服是古代最尊贵的礼服,只有皇帝在祭天、祭祖等重要活动才能着装。皇太后、皇后、京城百官、封疆大吏、皇亲国戚、部落首领及外国使节也都盛装出席。大唐帝国拥有繁荣的经济、高度的文明,是当时世界上最强盛的国家。帝国声名威震八荒,大唐文明辐射四海,吸引着周边部族、国家纷纷派使前来。据《通典·边防典》统计,与唐帝国发生关系的有189个国家、政权和部族,而今人统计数量达到300多个。每逢大朝会周边部落首领、外国使节纷纷来朝。据记载，仅南亚、西亚及中亚的来唐使团高达343次。元正这天天光未亮，五更钟声传来，大明宫南墙的建福门便开启了，在门外百官待漏院等候的官员们已按文官在前武官在后、品阶高在前品阶低在后的次序依次进入宫城，部族首领和外国使节则紧跟其后入宫。部族首领、外国使节不是空手而来，他们给皇帝带来珍稀的特产贡品，这些贡物将在大朝会之前陈列在含元大殿的二层大台之上。百官、使节们在龙尾道前按照文武、品阶高低及使节最后的次序站定，等候大朝会开始。皇太子率中书令、宰相及中书、门下两省官员则能进入殿堂，待皇帝升登御座。大典开始，天下诸州朝贺表章、祥瑞和部落、外国贡物当场进献，最后群臣要给皇帝进上尊号，尊号是百官给皇帝尊崇溢美的称号，实际上也是皇权至高无上的体现。尊号让皇帝欢欣鼓舞，会嘉奖百官，赏赐一定的财物。大典结束后，皇帝还会登上丹凤门楼宣诏大赦天下。

　　冬至日在夏历十一月中旬左右，唐人认为从冬至日开始，阳气逐渐上升，万物也慢慢萌动，自古圣明的帝王都以此日接受万国的朝拜、观测天象，各节目之中礼仪最隆重的莫过于冬至日。故冬至日也会在含元殿举行庆典活动，规格稍逊于元正。冬至大朝会规模大致跟元正差不多，参加人员基本相同，只是少了举人列席，皇帝头戴仅次于冕冠的通天冠，仪式相比元正稍做简化。冬至日大朝会也是举国盛会，备受时人重视，至今仍留下许多脍炙人口的诗篇颂唱，其中比较有名的是唐德宗贞元年间进士崔立之的诗作《南至隔仗望含元殿香炉》：

千官望长至,万国拜含元。

隔仗炉光出,浮霜烟气翻。

飘飘紫内殿,漠漠澹前轩。

圣日开如捧,卿云近欲浑。

轮囷洒宫阙,萧索散乾坤。

愿倚天风便,披香奉至尊。

诗中"千官望长至,万国拜含元"生动描绘了冬至大朝会万国来朝的煌煌盛世,让我们心生向往,恨不能穿越回到唐朝一睹盛况。

含元殿除每年举行元正和冬至的国家庆典外,在唐代早期还举行过宴请外国使节、接受重要战俘及举人考试等活动,基本上到唐肃宗以后成为举行元正和冬至国家大典的固定场所。

含元殿毁弃的时间,史籍没有明确的记载。在广明元年(880)十二月,那个曾以"待到秋来九月八,我花开后百花杀。冲天香阵透长安,满城尽带黄金甲"攻破长安的唐末起义军首领黄巢,还在含元殿举行了即皇帝位大典。三年后黄巢兵败撤离长安,各路军阀纷纷涌入长安城中,烧杀劫掠,城内宫殿建筑损毁,"惟含元殿独存"。直到光启二年(886)十二月,武将朱玫挟嗣襄王李煴在大明宫篡位,后又被部将王行瑜所杀,"诸军大乱,焚掠京城,致使京城除大内(太极宫)正衙(太极殿)外别无殿宇",此后在史书中再无含元殿的记载,推测含元殿毁于此次兵祸。含元殿自建成到毁弃共历时224年之久。

宣政殿

日高殿里有香烟　万岁声长动九天

青掍方砖

　　青掍方砖长31厘米，宽31厘米，厚7.5厘米，大明宫遗址出土，泥质灰陶。模制法制作，正方形，素面，表面做渗碳处理，背磨光。与青砖相比，青掍方砖制作成本高得多，烧制时所需燃料要多一倍，工时也长；制作工艺也复杂得多，在坯面制作时不仅要擦拭打磨，还要加入滑石粉，所以烧制出来的青掍砖质量上乘，黑亮光滑，质地紧实，防水性强，是唐代高级的建筑材料。

　　青掍方砖在大明宫和兴庆宫遗址内大量出土，反映了它在宫殿建筑中的大规模采用。而大明宫中朝正殿——宣政殿也在使用这种方砖。

含元殿正北300米处便是宣政殿，它位于龙首原高台上，是大明宫中轴线上第二座大殿，是举行中朝朝会的场所，凡朔望大朝、册号、布大政等重要政治活动均在此举行。宣政殿是大明宫正殿，据宋人程大昌《雍录》记载，大明宫的正殿唯宣政殿，可见宣政殿地位之高。

宣政殿建于唐高宗年间，同时建成的还有含元殿。据《广异记·刘门奴》记载，高宗营建大明宫，宣政殿刚建成时，宫中的卫戍部队每到夜里就会看到一队装束和马匹异常整洁的骑兵在宣政殿左右两边骑行，一连持续了10余日。高宗遣术士刘门奴询问他们的来历，对方说："我是汉朝楚王戊的太子。"刘门奴质问他说："按《汉书》记载，楚王与七国一起谋反，兵败后全族都被汉军诛灭，怎么还会有幸存者呢？"他回答说："家父起兵时，我留在长安未参加谋反，楚王被诛后，天子怜悯我，没有杀我，一直把我养在宫中。后来我病死了，埋葬在这里。天子怜惜我，赏赐一对玉鱼陪葬，葬地在殿的东北角。由于史官疏漏，没有记入史书罢了。"刘门奴说："现在大唐皇帝居于此处，你怎敢惊扰？"对方回答说："此地是我的安身之所，现在既然成了天子居所，我出入不方便，我也不愿意继续留在这。请将我改葬在高敞的风水宝地，千万不要夺走玉鱼。"后来，果然在宣政殿东北角发现了一座古墓，棺木已经完全腐朽，旁边有一对造型精美、玉质优良的玉鱼。高宗下令迁葬于苑外，并将玉鱼随葬。此后，宣政殿再没有出现类似的事情。这当然是志怪传说，不可尽信，但从中我们可以知道，宣政殿在高宗扩建大明宫时建成，而且在建造过程中还发现

石刻力士

了汉代墓葬。

1957—1959年,中国社会科学院考古研究所的考古工作者们对大明宫进行了系统的勘探和部分发掘工作,并首次对宣政殿进行了钻探,钻探得知殿址东西长近70米,南北宽40余米。殿址两侧发现有东西向宫墙,与含元殿两侧的宫墙(第一道宫墙)形式相同,应为大明宫的第三道宫墙,第二道宫墙以宣政门为中心东西走向。中朝区域其他建筑尚未勘探清楚。据文献记载得知,宣政殿正南设有宣政门,东西两侧第三道宫墙上有通向紫宸殿的东、西阁门,宣政殿前东西两侧分布着中书省、门下省、御史台、史馆、弘文馆、集贤殿书院等重要的官署机构。中书省是诏令发出机构,门下省执掌政事审议,御史台掌监察,史馆、弘文馆、集贤殿书院参与决策制定，它们共同构成大明宫的中朝区域。

谈起宣政殿的主要功能，就得了解唐朝皇帝视朝中常朝与大朝的区别。据《资治通鉴》卷二四一载："唐故事，天子日御殿见群臣，曰常参。"也就是说按照唐朝的惯例，皇帝每日视朝，即常朝。大明宫常朝的场所除了紫宸殿以外，宣政殿也有，主要在德宗朝到宪宗朝（779—820）这一时期。

当然，宣政殿最主要的功能是每月初一、十五在此举行的朔望朝参，即大朝。《唐会要》卷二四《朔望朝参》曾载："故事，朔望日，御宣政殿见群臣，谓之大朝。"即皇帝于每月初一、十五都要在这里大会群臣。在京任职官级九品以上的文武大臣都要参加，外官因朝集在京者一律就列，参加人数达数千人，规模虽然次于在含元殿举行的元正、冬至外朝大典，但场面也极其隆重。

每月朔日（初一）、望日（十五）当天，仪仗部队精神飒爽、整齐划一地排列在宣政殿前。黎明时分建福门一开启，文武官员就开始陆陆续续入宫，待官员们走到含元殿区域便要分开序班，文官在含元殿东侧通乾门外按官品大小依次等待，武官队伍则按品级站立在含元殿西侧的观象门外。序班现场有监察御史调整官员顺序、管理纪律，官员们如若大声喧哗还会被监察御史弹劾。序班完毕后，文武两班官员分别由通乾门、观象门北行，经宣政门进入殿庭。随后，三品以上文武官员登入殿堂，并分立在殿内两边，其他官员仍在殿庭列队站好。门下省长官侍中负责维持殿内秩序，待官员站立整齐后，门下侍中高喊"进外办！"皇帝遂在宫人的簇拥下，从西序门走出，升登御座。之后，殿内的官员由纵队变成横队立于御座前面，向皇帝跪拜谒见。朝谒完毕以后，门下省官员给事中奏说"无事！"皇帝便离开御座，从东序门出。文武百官们依品级由原路走出含元殿，回到自己的官衙办公。仪仗和卫戍部队最后退出宣政殿，时称"退仗"。朔望朝参至此结束。

大约从唐高宗移居大明宫以后，直到唐玄宗天宝初年，每到朔、望之日，都要在宣政殿举行"大朝"。但从天宝年间开始，这一朝参制度有所变化。

据史书记载，天宝六载（747）九月二十一日，唐玄宗曾下敕说："自今以后，每到朔望朝参之时，晚于平时一刻进行，令朝官们从容入宫，不须急促奔走。朝参结束以后，如各官署无事，至午后即可提前下班休息。"到了天宝十一载三月，唐玄宗又下制说："今后每月朔望，宜令在太庙献食，以表示对祖宗的思慕之情，所以不再举行朔望大朝之制。"从天宝六载开始，唐玄宗先是将朔望大朝开始的时间推迟了一刻钟。到了天宝十一载，又以太庙献食取代了朔望朝参，至此玄宗朝的朔望大朝完全被罢除。

安史之乱后唐朝的国力衰微，对周边的掌控也日渐虚弱，皇帝又大多沉湎享乐，疏于朝政，在宣政殿举行的朔望大朝逐渐形同虚设。直到建中元年（780）十一月朔，才有边疆派来的朝集使、周边民族政权和国外来朝的使节总共173人参加朝会，这是安史之乱发生二十五年以来首次有朝集使和贡使共同参加的朔日宣政殿大朝。到贞元七年（791）四月二十八日，唐德宗下了一道敕令说："古时圣贤观察天象，天地交会的时候，要

大明宫遗址博物馆展示的唐代大朝会复原场景

举行父子（君臣）相见的仪式，能够由古至今形成风气是非常不容易的。"又说，"自今以后，每年五月一日（皇帝）要御临宣政殿，和文武百官相见。九品以上的京城官员，回京城述职的地方官员都要参加，令有关部门（太常寺）定制礼仪流程，颁布、告示天下人，并作为一项制度长期遵守。"在德宗时期每年五月一日的宣政殿朔望大朝得到很好的执行。但到了元和三年（808）四月，唐宪宗以这一"新制"是"德宗听信了方术之人的谗言，礼制经典未记载"为理由，取消了五月一日朝参。自元和十五年（820）开始，每到朔望之日又改在紫宸殿朝谒皇帝。但这一改革也未能贯彻到底。到敬宗年间，在百官呼吁下，宣政殿朔望大朝得以恢复，一直延续到唐末。

宣政殿朔望大朝以其宏大的规模，郑重的礼仪，时时为唐人吟咏。唐代诗圣杜甫在《宣政殿退朝晚出左掖》中云：

天门日射黄金榜，春殿晴熏赤羽旗。
宫草微微承委佩，炉烟细细驻游丝。
云近蓬莱常好色，雪残鸤鹊亦多时。
侍臣缓步归青琐，退食从容出每迟。

除朔望大朝之外，宣政殿还是举行新帝即位、册封

石刻飞兽

太子、册尊号、改元、读时令、科举殿试等重要政治活动的场所。宣政殿是中朝正殿，玄宗以后诸帝大多在此受册太子、即皇帝位、受册尊号。宝历二年（826）十二月，唐文宗李昂便在宣政殿举行了即位典礼，《册府元龟·帝王部·继统三》详细记载这一过程。江王李昂本是敬宗之弟，敬宗在晚上狩猎回宫的途中被叛乱的宦官刘克明所杀，枢密使王守澄等大臣拥护江王入宫即位，由于当时叛乱初平，即位匆忙，即位礼也略显不同。与原来相比，大明宫的防范加强了，大量禁军部队驻扎在各个宫门，守卫森严。宣政殿殿庭依然陈列黄麾大仗，监押着宝册，文武群臣一改从前分开序班入殿的制度，一齐从宣政殿西阶进入殿内依次站定。待吉时一到，尚书省长官侍中高喊"中严外辨"，江王李昂穿着亲王的吉服从序门走到殿中间，面向南面站定，册使随即宣布即位大典正式开始。之后再经过授册书、授传国玺、受命宝符、改换衮冕服、受百官朝贺、受劝诫、新帝颁布第一道圣旨等一系列流程后，典礼方告完成。典礼结束后，皇帝乘御辇回宫。李昂正式成为了唐朝的第十四位君主。

唐朝皇帝受册尊号（徽号）的仪式元正、冬至时会在含元殿的大朝会上定期举行，偶尔也会在宣政殿举办。皇帝的称号有四种：尊号（徽号）、谥号、庙号、年号。尊号是指古代尊崇皇帝、皇后的称号。在古代，皇帝的称呼往往和年号、谥号、庙号联系在一起——如唐高祖就是庙号，隋炀帝就是谥号，乾隆就是年号。一般来说早期称呼皇帝谥号多，后来开始多称呼庙号。唐代皇帝多使用庙号，明清以后往往称呼年号。

皇帝的尊号一般多次受册，群臣会根据其政绩多次敬献。如元和三年（808）春正月癸巳，群臣给唐宪宗上尊号"睿圣文武皇帝"，在宣政殿受册。元和十四年（819）秋七月辛巳，群臣又给宪宗上尊号"元和圣文神武法天应道皇帝"，同日，在宣政殿受册。还有追封尊号的仪式也在宣政殿举行。大中三年（849）十二月，群臣以河、湟地区收复请宣宗加尊号，宣宗认为应该先追尊祖宗，遂在宣政殿举行了追尊顺宗、宪宗的典礼仪式，顺宗追封为"至德大圣大安孝皇帝"，宪宗追封为"昭文章武大圣孝皇帝"。大臣薛逢当时就在现场，撰诗《宣政殿前陪位观册顺宗宪宗皇帝尊号》描绘了仪式场景：

楼头钟鼓递相催，曙色当衢晓仗开。

孔雀扇分香案出，衮龙衣动册函来。

金泥照耀传中旨，玉节从容引上台。

盛礼永尊徽号毕，圣慈南面不胜哀。

宣政殿还是皇帝接见周边民族、国家政权使节的重要场所，《资治通鉴·唐纪五十六》曾载"唐时四夷入朝贡者，皆引见于宣政殿。"唐时，我国的政治、经济、文化、军事繁荣昌盛，处于当时世界领先地位。这一时期，大唐帝国采取宽容的民族政策，对外交通也非常发达，陆上丝绸之路可以贯通中西方，海上丝绸之路也有了重大发展，与东方国家的交往得到加强。宽容的外交环境和发达的交通带来大量友好的使团，与唐帝国通使交往的国家达70多个。周边民族、国家贡使来朝，皇帝在宣政殿接见，

宣政殿与东、西上阁门复原图(来源《大明宫复原研究》)

在麟德殿宴请和赏赐财物，安排住在四方馆或鸿胪客馆。对于关系密切的民族政权首领，皇帝还会在宣政殿册封。如乾元元年（758）七月癸巳，唐肃宗御临宣政殿册封回纥英武威远毗伽可汗。

宣政殿的另一重大功能，是举行皇帝亲自主持的制科考试。唐代以来，尤其在唐初太祖、太宗、高宗、武后四位君主的重视下，科举制度逐渐完备。唐代选官分为制科和常科，制科由皇帝专门下旨召集考试，主要考试"对策"，包括直言极谏、贤良方正、博学宏词、才堪经邦、武足安边等科。现任官员也可以应试，考中得分高者授予美官，低者仅给予出身。常科则是秀才、明经、进士、明法、明书、明算等。唐初玄宗开元、天宝年间，制科考试多在含元殿举行。安史之乱以后，制科考试移至宣政殿进行。制科考试规模不一，一般在百人以上。例如宝历元年（825）三月，敬宗在宣政殿试制举人291人。考中的人数却有限，大历六年（771）四月，唐代宗在宣政殿主持的讽谏主文、茂才异行、智谋经武、博学专门四科举人，登科者不过15人。《杜阳杂编》曾载，唐德宗特别重视制科人才选拔，多次下令全国范围内征求制科举人，全国各地的人才慕名前来，德宗都是亲自主持考试，断绝了请托走关系的门路。德宗在宣政殿主持考试时，有怪谬的考生以浓墨涂抹试卷，有的跷着二郎腿高声吟诵，德宗不以为意，还跟官员们说，这都是他的门生。文学家独孤绶本来在大历十四年（779）就考中进士，其文采斐然，后来又考博学宏词科，考试时作了一篇《放驯象赋》，德宗特别赞赏，给了第三等的优异成绩。元和三年（808）三月，唐宪宗在宣政殿主持贤良方正、直言极谏科策试。时任华州参军的李宗闵参加了考试，得了第一名，因此被任命为洛阳尉。除了李宗闵，还有牛僧孺、皇甫湜等举人也参加了此次考试，他们在对策中痛诋时政，得罪了李德裕之父宰相李吉甫，是为"牛李党争"的起因。这说明唐代言路相当开放，考生们可以在皇帝面前随意针砭时弊。

宣政殿还举行读时令活动。古人认为只有天子、王侯以效法天地和顺应四时来治理国家，国家才能没有灾祸、长治久安，读时令是奉宗庙、安天下的大礼。读时令之礼创制于魏晋时期，每年的立春、立夏、大暑、立秋和立冬五个节气，皇帝都要进行读时令活动。唐初，虽然各个节气的时令文仍有，但基本不专行此礼，只是在每年的元正大朝会中，在受朝贺、布政之后，照例读一下时令文。开元二十五年（737）十月，玄宗下制说："自今起，春夏秋冬的第一个月的朔日，在宣政殿进行读时令之礼。"但却到了开元二十六年夏四月朔，才在宣政殿开展了读时令活动，玄宗坐在宣政殿御座之上，殿内东面放置一张条案，太常卿韦绦捧着《夏令》坐在案后读之，各个衙门长官坐在殿内仔细聆听。之后秋、冬季的第一个月也举行过读时令的活动。到了年底，玄宗就把这一活动废除了。安史之乱以后，国家典礼大多废止，至于读时令之礼诸帝更无意开展，只是偶尔为之，寥寥见于史籍。到乾元元年（758）十二月立春，肃宗御临宣政殿，太常卿于休烈读春令，五品以上的常参官皆坐殿内听之；贞元六年（790）二月，德宗下令自此以后每年四月"迎气之日"令有关衙署读时令，但也没有坚持执行；大和八年（834）六月，中书门下奏称：近年水旱灾害频发，可能是由于停止了读时令的活动引起的，建议第二年正月开始依据《开元礼》读时令。文宗接受了这个建议。然而史籍中却再无宣政殿读时令活动的记载。

纵观有唐一代，自高宗至唐末，在宣政殿举行皇帝即位大典、册封太子、接见外国使节、宣布政令等重要政治活动的记载很多，但设宴的活动却少见。据《旧唐书·文苑上》记载，永隆二年（681），李显被立为太子。高宗计划在宣政殿宴请百官及命妇，并设九部伎及散乐。太常博士袁利贞上疏进谏说："宣政殿是前殿正寝，不是命妇宴会的场所，更不是倡优之辈可以进来的地方。希望陛下将宴会改在别处。"高宗采纳了他的建议，改在麟德殿宴请。可见宣政殿庄严肃穆，非其他宫殿可比。

紫宸殿

金殿当头紫阁重 仙人掌上玉芙蓉

石螭头

青石质螭头，鹿角，凤眼，鼻子类似犀牛，口微张，鬣毛飘逸，面目凶猛。头顶有一榫窝。残长65.4厘米，宽30厘米，高40.5厘米。其独特的形制真实地反映了帝国政治中心的威仪。

《雍录》曾载，螭头是玉阶扶栏上的压顶石。唐朝三大宫城，惟大明宫有螭首。这是由于大明宫地势高，登殿道路曲折险峻，故路的两旁设置石扶栏，栏杆顶上置压顶石。靠近大殿那一层台阶栏杆的压顶石为螭头，下面则为莲花，以此辅助行人登殿。含元殿、紫宸殿都有立螭头的记载。

紫宸殿位于宣政殿以北的紫宸门以内约60米处，南至宣政殿约95米，是大明宫中轴线上的第三个主殿，也是大明宫内朝正殿，皇帝日常视朝多在此殿。古人认为天体有"三垣、四象、二十八星宿"，紫宸会意其中三垣之一的紫薇垣，紫微垣位居中宫，由四宫及其他星辰拱卫，是天体中的核心。故用"紫宸"指代帝王，紫宸殿则意为帝王的居所。

紫宸殿居于大明宫中地势最高处。史书上有明确记载，《雍录》卷三《汉唐宫殿据龙首山》中写道："（龙首原）地每退北，辄又加高，至紫宸则极矣。其北遂为蓬莱殿，殿有池，则平地矣。"大明宫中轴线上的三大殿都修建在地势高亢的龙首原上，含元殿位于龙首原南坡，而紫宸殿处于龙首原的北坡，龙首原北高南低，紫宸殿的地势与含元、宣政殿相比更高，位于龙首原的最高点，时人王建曾用"五刻阁前卿相出，下帘声在半天中"来形容紫宸殿之高。紫宸殿地势愈高，登殿的道路也更加险峻，王建又用"殿头传语金阶远，只进词来谢圣人"的诗句侧面描述了登殿道路曲折难行。

紫宸殿与含元殿同时落成，《唐会要·大明宫》载：龙朔三年四月二十二日，高宗移仗大明宫，新作含元殿；四月二十五日，开始御紫宸殿听政，百官进贺。可知，紫宸殿建成于龙朔三年四月。紫宸殿规模史书无详细记载。1957—1959年，中国社会科学院考古研究所的考古工作者们对大明宫进行了系统的勘探和部分发掘工作，经勘探发现，紫宸殿破坏最多，夯土基址仅东边残存一部分，西边仅有片断的夯土基台，已不衔接。经考古测量，殿基南北宽近50米。

紫宸殿的形制与含元、宣政殿并不相同，紫宸殿设有内殿，是皇帝的休憩之所。《旧唐书》记载，大历十四年（779）五月辛酉，代宗李豫崩于紫宸殿之内殿，可见代宗皇帝寝居在紫宸殿内殿。紫宸殿内还有皇帝的办公区，唐代大多数皇帝日常在此视朝，这是常朝，时人则称为"入阁"，阁为中门旁边的角门之意。《雍录·古入阁说》记载：唐朝制度，每次遇到皇帝坐朝之日即为"入阁"。《日知录》卷二五中又进一步阐释其义：唐朝以宣政殿为前殿，紫宸殿为便殿，前殿称为正衙。天子不御前殿，而御紫宸殿，自正衙唤仪仗，从宣政殿东西两侧的东上阁门或西上阁门进入。在宣政殿等候上朝的百官候朝于衙，因而随着仪仗入见皇帝，谓之"入阁"。《资治通鉴》卷一九二载，程大昌说：唐朝"入阁"之制开始于唐太宗时期，当时的"阁"指的是太极宫两仪殿。到高宗以后，皇帝多居于大明宫，御紫宸便殿，则谓之"入阁"。

当然不是在京城的所有官员都能入阁，入阁的人选、时间有严格规定。据《唐会要·礼仪制》记载，京城任职的五品以上文武职事官、监察御史、员外郎、太常博士，每日入阁朝参；其他文武官五品以上的，每月五日、十一日、二十一日、二十五日四次朝参；三品以上的，每月九日、十九日、二十九日三天还要再参，也就是说，三品以上的官员每月七参。弘文馆、国子监博士、学生每季度朝参一次。

京城各衙署都有常参官，常参官是指五品以上的职事官和八品以上的供奉官。职事官顾名思义是指执掌具体政务的官吏，也是有实职的官员。供奉官是指侍奉皇帝左右的近臣。唐代供奉官是门下、中书二省和御史台的主要官员，如侍中，中书令，左、右散骑常侍，黄门、中书侍郎，谏议大夫，给事中，中书舍人，起居郎，起居舍人，通事舍人，左、右补阙、拾遗，御史大夫，御史中丞，侍御史，殿中侍御史等官。

安史之乱后，王朝动荡不安，对政治生活产生深刻影响，朝参制度也发生了变化。先是宣政殿朔望大朝废停，百官们再无机会朝谒皇帝，立仗之礼也不存，紫宸殿入阁仪仗随之取消。同时，文武常参官紫宸殿入阁由每日举行改为文武官员分日进行，武官朝参次数稍有增加，五品以上每月增加至六次，三品以上增加至每月九参。到贞元年间（785—805），国家形势渐趋平稳，朝政日益稳固，入阁制度逐渐恢复如前。贞元二年（786），御史中丞窦参奏请废停安史之乱后的朝参时间，恢复原来的朝参制度，即文武常参官每日朝参等。这个建议获得了德宗的批准。紫宸殿常朝制度虽已恢复，但入阁之礼却并未恢复，到敬宗时才重新修复了入阁之礼。《册府元龟》记载，长庆四年（824）二月辛丑，群臣自安史之乱后初次展示了入阁之礼。

紫宸殿常朝除了大雨大雪这种恶劣天气会停朝外，一般每日都要进行。入阁的文武官员们入宫后在紫宸门外按品级有序等候，待女官昭容出来迎接、引导进入紫宸殿内，按品级高低依次向皇帝跪拜问安。问安完毕后，按文武班分别坐在殿中两边。朝会正式开始后，由监察御史负责督查现场

菱格草纹方砖

菱格草纹方砖

纪律，安排官员奏事顺序，获准发言的官员由廷监引导至龙墀前向皇帝陈述奏报的事项，皇帝随之做出相应的处理意见。

紫宸殿常朝是皇帝处理日常政务的重要场合，朝会既肃穆又秩序井然。开元七年（719）正月二十一日，玄宗于紫宸殿视朝，朝集使魏州长史敬让、辰州长史周利贞都意图奏事，监察御史翟璋示意周利贞先说。敬让因父亲被周利贞迫害致死，见之极其愤怒，于是越过周利贞抢先发

葡萄瑞兽纹方砖

言，御史以敬让"越次"弹劾他，要求按照法度严惩。敬让解释说："周利贞受武三思的指示，罗织罪名害死我父亲。"玄宗同情敬让的遭遇，虽然敬让的行为情有可原，但是朝参仪制是严肃的，不可不遵守，所以从轻罚没了敬让一季度的俸禄。周利贞也因此被贬为邕州长史。

朝会结束后，官员们回到各自的衙署继续办公。诗圣杜甫曾任常参官左拾遗，作诗《紫宸殿退朝口号》描绘紫宸殿入阁的情景：

团花纹方砖

九格草叶花方砖

莲花纹方砖

大明宫遗址出土方砖

户外昭容紫袖垂，双瞻御座引朝仪。

香飘合殿春风转，花覆千官淑景移。

昼漏希闻高阁报，天颜有喜近臣知。

宫中每出归东省，会送夔龙集凤池。

能够于紫宸殿入阁朝参，对于唐代官员们来说，是莫大的荣耀。大诗人杜甫被贬离长安后，年老体衰、穷困潦倒之际，还曾以"杖藜雪后临丹壑，鸣玉朝来散紫宸"，追忆自己在紫宸殿朝参的高光时刻。

除了常朝外，紫宸殿还是宴请重要外国使节及边疆民族使者的正式场所。为什么这么说呢？《旧唐书》有载，开元十四年（726），突厥毗伽可汗小杀遣其大臣梅录啜来朝贡，带着献给皇帝的30匹突厥宝马。小杀之所以遣使来朝，主要是以进献小杀与吐蕃合谋劫掠唐朝边疆的书信为名向唐朝投诚，玄宗嘉许小杀的忠诚，特于紫宸殿宴请小杀使者，并给予丰厚的赏赐，仍旧许可在朔方军西面的受降城为互市之所，每年于边境还赠送小杀数十万缣帛。从中可见，紫宸殿宴请规格较一般宫殿高。

自玄宗开始，唐代皇帝先后在紫宸殿宴请过新罗国、波斯国、宁远国、归仁国等国的使节及回鹘、吐蕃、突厥小杀、室韦、十姓突骑施等边疆民族首领和使者。其中，唐朝对回鹘使者最为重视，宴请次数和规格也最高，这是其他民族和国家无法相比的，仅在肃宗至德元年（756）、二载（757）就在紫宸殿宴请过六次，这反映出回鹘与唐王朝关系非常密切。

回鹘，原称回纥，唐德宗贞元四年（788），自请改汉字译音"回鹘"，

大明宫遗址出土莲花瓦当

紫宸殿复原图（来源《大明宫复原研究》）

取骏捷如鹘之意，是生活在中国北方的游牧民族。在唐代，回鹘是与中央王朝关系最为密切的周边民族。回鹘于贞观二十一年（647）建立政权，同年遣使告唐："愿归命天子，请置唐官。"唐朝即于回鹘诸部设置六府七州，对其实行羁縻统治，回鹘诸汗受唐朝册封，唐代诸帝于宣政殿出册书，由使者送至回鹘驻地，回鹘的 13 名可汗除未及册封而国亡的可汗外，其他 12 名可汗全都接受唐朝册封的汗号。另外，唐朝还有 7 位公主和亲

回鹘，册封及和亲进一步稳固了唐朝与回鹘和平友好关系。与回鹘的民族关系友好对唐王朝统治提供了强有力的支持。尤其在安史之乱发生后，回鹘派精骑4000余助力唐军迅速地平定了叛乱，收复了西京长安和东都洛阳。德宗贞元年间，吐蕃趁唐朝国力衰弱、边备无力之机，劫掠河湟、甘凉地区，切断了中央王朝与安西四镇的交通联系，安西、北庭都护府危在旦夕，回鹘又一次挺身而出，派兵扶助两都护府，与吐蕃抗衡，为安定边陲、重开东西交通做出重要贡献。

紫宸殿虽是内朝"便殿"，地位逊于"正衙"宣政殿，但是其地位也是超然的。开元十六年（728）五月六日，玄宗皇帝的爱女唐昌公主出嫁，意欲将问名、纳采、纳吉、纳征、请期等五礼放在紫宸殿进行，连仪式流程等都已准备妥当，右补阙施敬本、左拾遗张烜、右拾遗李锐等得知消息后，联名上疏说："紫宸殿的地位相当于汉代的前殿和周朝的路寝（即正寝），陛下坐在殿堂之上，正黄色的殿堂，接受诸侯和万国的朝拜，这是大臣们表达尊敬的地方，犹如苍天可见，却无法到达的至高之处。昔日周朝公主出嫁于齐国，而且当时齐国势力强大，也只是在外馆行礼，并没有在路寝举行。今天要是在紫宸殿行礼，既会损伤皇帝的威严，也与典制有亏损。请将五礼移至别处进行。"玄宗深以为然，采纳了大臣的谏言，将唐昌公主的出嫁之礼移于光顺门外举行。

延英殿

延英开对久　门与日西斜

唐鸱尾

　　灰陶质，直径17厘米，大明宫遗址出土。

　　"东海有鱼虬，尾似鸱，因以为名，以喷浪则降雨。"（《唐会要》卷四四《杂灾变》）古人设鸱鱼之像于屋脊，以克火灾，这是古人在建筑营造上厌胜思想的体现。这件巨大的鸱尾是大明宫宫殿屋脊正脊两端的装饰性构件。

延英殿是大明宫内一处便殿，便殿指的是正殿之外的别殿，地位次于正殿，是皇帝休息宴乐之处。虽然延英殿是便殿，但它却是唐代非常重要的一处宫殿，尤其在安史之乱以后，其重要性和对唐朝政治的影响已经远远超越含元殿、宣政殿、紫宸殿三大正殿。

延英殿的位置和营建时间史籍上都没有明确的记载，遗憾的是1957年中国社会科学院考古研究所组队对大明宫进行的全面考古勘探工作未能发现延英殿的具体位置。依据史籍记载推测，延英殿的位置应位于紫宸殿西面，延英门以内，殿院外有中书省、殿中内省等中枢机构。延英殿始建于龙朔三年（663），是高宗营建大明宫时建造完成的一处宫殿，宋人程大昌《雍录》中记载："唐高宗初营蓬莱宫，诸门殿亭皆已立名。至上元二年，延英殿当御座生玉芝，则是初有大明即有延英殿。"历史学者李健超、杜文玉、杨希义等教授也证实了以上关于延英殿位置和营建时间的说法是合理和可靠的。唐僖宗乾符年间曾改名"灵芝殿"，其从成都避难返回长安后，又恢复延英旧名。

延英殿是皇帝日常在内廷召对朝臣、探讨政事的主要场所。唐朝前期延英殿的使用少见于史籍，到了安史之乱以后关于延英殿的记载才逐渐增多，最早提及延英殿的是在唐肃宗时。据《旧唐书》卷十一《肃宗本纪》记载，上元二年（761）七月甲辰，延英殿御座梁上生玉芝，一茎三花。延英殿梁上长出灵芝对于帝王来说是祥瑞，是吉祥的征兆，值得广为颂扬，肃宗更是专门御制《延英殿玉灵芝诗》记载此事，诗中"玉殿肃肃，灵芝

延英殿遗址

煌煌""宗庙之福,垂其耿光"表达出他对此事的欣喜和重视,到了唐末僖宗还因此事将延英殿改名灵芝殿。从这条记载还可以看出,延英殿上设有御座,说明肃宗时延英殿已经是皇帝在使用的殿宇。

延英殿成为皇帝咨询政事的主要场所,却是自唐代宗时开始的。从代宗时起,皇帝每有政事咨度,或朝臣有事奏报,即在延英殿召对,起初仅限于宰相,后来逐渐扩展到群臣,这就是历史上赫赫有名的"延英召对"制度。据《新唐书·苗晋卿传》记载,代宗即位时,苗晋卿任宰相,其年老脚跛行走不便,便乞请隔一日去政事堂议事,皇帝听说以后让他不必入紫宸殿朝谒,特开延英殿召对。宰相召对延英殿自此始。

苗晋卿从设在中书省的政事堂出来,北入延英门,就可达延英殿,从距离和道路行走难度来说,确实到延英殿比至紫宸殿要便利许多。皇帝对苗晋卿优待,后人艳羡不已,宋人王谠《唐语林》曾载,"苗晋卿年老艰步,故设延英。后来得对者多私自希宠,干求相位。"虽然肃宗时期就曾在延英殿召见群臣，但是真正形成"延英召对"的制度却始于代宗优待苗晋卿特开延英殿之时，所以后来才形成得对者"干求相位"的现象，这也说明延英召对对象初期只限于宰相。宋白在《续通典》里详细叙述了延英召对具体的实施方法：宫中若有公事需要商议，立即发"宣头"（即皇帝的诏书）交付阁门使开延英殿，阁门使则将"宣头"告知中书省，并将其张贴于紫宸殿大门之上；若中书省有公事要给皇帝汇报，由宰相向阁门使递交申请，奏请开延英殿，届时只有宰相能赴"延英召对"。

后来这种情况发生了变化，其他官员也逐渐参与进来。《旧唐书·德宗本纪》载，兴元元年（784）九月，德宗皇帝对宰相说："近日谏官都没有奏论，自今以后每到紫宸殿及延英殿坐朝日，常令两三个朝臣奏报时政的得失。"这可能就是延英召对扩展到宰相以外群臣的开始。贞元元年

筒瓦瓦当

鬼脸瓦

（785）十二月，德宗又下诏："延英殿坐朝日，令常参官中的七人引对，陈述时政的得失。"贞元七年（791）十月，"德宗每次延英殿坐朝，都令诸司长官二人奏本司重要公事。不久又敕令常参官每日二人引对，访以政事，谓之巡对。"经过德宗这两次完善，延英召对有了待制、巡对之分。皇帝在延英殿听政，令诸司长官两人奏本司之事，听候皇帝旨意制诏，称为待制。皇帝御延英殿，令常参官每一日二人引对，访以政事，称为巡对，也称次对，盖因次于宰相之后而得对也。此时，延英召对制度已经成熟，基本流程大致先是皇帝召对宰相，与宰相共议军国大事；宰相退后，诸司长官二人报告本司重要公事，听候皇帝的处理意见；之后常参官二人巡对，陈述时政利弊，以使皇帝通达下情。

但这一制度并没有持续很久，到了宪宗时期，延英召对制度就产生了新的变化。永贞元年（805），由于巡对没有起到预想的效果，遭到废停。待制制度也有了变化，到元和元年（806）四月，由御史中丞武元衡提出将皇帝批准的待制官人选大范围扩展，由诸司长官扩展至"兼任门下、拾遗、监察御史及尚书省六品、诸司四品已上职事官，东宫师、傅、宾客、詹事及王府诸傅等"，在延英殿坐朝时，仍每一日二人待制。文宗时期巡对制度得到恢复，《唐会要·杂录》载，开成元年（836）正月皇帝下敕书说："自今以后，每遇到紫宸入阁日，次对官不要随班退出，在紫宸殿东阶松树下站立，待宰相奏事退出后，全部到香案前，各自奏报本司公事，左右史待次对官奏事完毕，一同退出。"但待制官人员比之宪宗时期减少了，开成三年（838）二月，因待制官员候对人员多，时间长，严重影响了朝廷的行政效率，中书、门下奏请"仆射、尚书、侍郎、左右丞、五监、九寺大卿监"退出待制行列。

皇帝于延英殿召对大臣，起初未有固定的时间，只是皇帝有事跟宰相商议或者官员有事要给皇帝汇报，才会开延英议政。后来，逐渐正规起来，皇帝单日坐朝，双日休朝。《旧唐书·张茂昭传》载，元和四年（809）十二月十二日，义武军节度使张茂昭携全族还朝至京师，双日本不坐朝，

延英殿复原图（来源《大明宫复原研究》）

皇帝特开延英召对，以示礼遇。但是遇到雨雪等天气，延英殿亦不开，《旧唐书·宪宗本纪》载，元和八年（813）六月，当时阴雨连绵，延英不开十五日。皇帝对宰臣说："今后每三日，下雨亦到延英候对。"遇到假日，延英殿也是不开的。元和十四年（819）八月己未，宪宗对宰相说："天下事重要，一日不可旷废。若遇到连续假期不坐朝，有公事即可到延英殿请对。"当然不是所有皇帝都如宪宗这样勤政，尤其到了唐朝后期，皇帝们对朝政懈怠，会缩减延英殿视朝时日。《旧唐书·杨虞卿传》记载，穆宗即位后，六十日，才开八次延英听政。《册府元龟·帝王部·朝会二》载，昭宗天复二年（902）又下诏提出：每月只在一、五、九日开延英殿，计每月九次。可见，唐后期皇帝在延英殿正式听政的时间大为减少，与此同时，临时听政的安排却有所增加。唐后期，如遇到天象异常、大灾荒、战乱爆发，往往会避居正殿，于延英殿听政。有时遇到严寒天或者酷暑天，皇帝也会下令开延英殿，延英召对与正殿相比少了严正的仪仗和烦琐的仪式，君臣都比较随意自在。

每次延英召对时长并无定式，有长有短。勤政的皇帝延英召对时限要长一些，如德宗时"昼漏率下二三刻为常"，宪宗则"昼漏率下五六刻方退"，文宗时为最长，"自是延英对宰臣，率漏下十一刻"。唐代著名诗人白居易曾在宪宗朝任左拾遗，在其诗《和春深二十首》写道"延英开对久，门与日西斜"，从诗句知延英召对的时间还是相当久的。有的皇帝疏于朝政，开延英的次数又少时间又短，如穆宗"日宴坐朝"，傍晚才上朝，敬宗也是"视朝常宴"，经常性地迟到早退。延英召对制度对后世有一定的影响，五代的梁、唐都继承了这一制度。

除了延英召对外，延英殿还举行问起居、奉觞、奉慰、中谢等特殊的活动。

问起居是唐代宫廷制度之一，主要是臣子向皇帝问起居，内、外命妇向太后、皇后问起居，是臣对君主表示忠贞的一种礼仪形式。问起居的时间和地点并不固定，基本上是因事而定。如宝应二年（763）三月，因玄宗、肃宗入葬，代宗从三月一日停朝，一直持续到月底，百官素服到延英门"通名起居"。通名起居是问起居中一种形式，又称"进名起居"，大

《唐人宫乐图》

臣们并未面见皇帝,只是送上问起居的官员名单。还有另一种形式是当面问起居,开成四年(839)十二月,文宗生病,百官赴延英问起居。唐中后期,皇帝多在延英殿视朝听政,甚至直接住在延英殿,大臣问起居也多在延英殿。《唐会要·辍朝》载,开成三年(838)十月,中书门下上奏说:"原来没有起居之礼,很是违背臣子们的心意。臣等商量,每隔三日一赴延英,进问起居。"皇帝肯定了官员们的心意,同意这个请求。后来,官员们每隔三日便到延英殿问文宗皇帝起居。

奉觞是皇帝诞日举行的举酒进贺寿辰的礼仪。唐代自开元十七年玄宗生辰日设为千秋节后,其后许多皇帝仿效。肃宗生辰日为地平天成节,代宗时,群臣请建天兴节未果。自是德、顺、宪、穆、敬宗五位皇帝,皆不为节。文宗大和年间,重置庆成节,武宗为庆阳节,宣宗为寿昌节,僖宗为嘉会节,昭宗为乾和节,中间惟懿宗不置,哀帝为延和节。唐代有八个皇帝生辰日建节,凡皇帝生辰节会诏令天下皆宴乐庆贺,官署休假三日,宫中也会举行一系列庆祝活动。其中,延英奉觞始于文宗大和七年(833),宰相路随奏请以文宗生辰十月十日为庆成节,并广告天下。第一个庆成节当天,皇帝于宫中奉迎皇太后,与兄弟诸王子宴乐,群臣到延英门奉觞,"上千万寿",天下州府也置宴一日。第二年,皇帝敕令庆成节于延英殿举行奉觞之礼,在曲江赐宴。开成元年(836),庆成节于延英殿设宴,宴请宰相及翰林学士,另在曲江宴请其他官员。到了开成二年,敕令仍在曲江设宴,宴请文武大臣,延英奉觞却叫停了。延英奉觞举行的时间比较短暂，除文宗外，未见其他皇帝在此殿举行过类似活动。

奉慰是皇家成员或国之重臣死亡之后群臣举哀或者在其忌辰拜慰天子的礼仪活动。《旧唐书·礼乐十》中对唐代五礼中的凶礼有着详细的描述：在举哀之日，举哀之礼在别殿举行，文武三品以上大臣哭于殿庭，四品以下哭于门外。有司版奏"中严""外办"。皇帝已变服而哭，然后百官内外在位者皆哭，十五举音，哭止而奉慰。唐朝后期，延英殿有时会举行奉慰。如文宗开成三年（838）十月，皇太子于十六日薨，从举哀日数至二十八日，皇帝已服丧满十三日，中书门下奏请皇帝除去丧服，百官于二十九日赴延英奉慰。国家重要官员死亡后，皇帝往往也辍朝，举行奉慰之礼，以示重视和优恤。如贞元十五年（799）十二月二日，检校司徒兼中书令浑瑊薨于任上，辍朝五日，群臣于延英奉慰。贞元十七年三月，成德军节度使检校太尉兼中书令王武俊薨，依然废朝五日，群臣到延英奉慰。

唐制，大臣受职或受赏后要入朝面见皇帝谢恩，称为"中谢"，唐后期，多在延英殿进行，故称"延英中谢"。《唐会要》卷二五《辍朝》载："开成三年二月御史台奏宣，自今以后，遇到延英开日，拟设中谢官，委托有司、御史台立一日。"即开成三年二月，延英殿视朝日设置中谢官，延英中谢制度正式形成。《文献通考》卷一七〇《王礼考二·朝仪·开延英仪》又载："文武两班三品，及御史中丞、左右丞、诸行侍郎、谏议、给事、中书舍人，并诸道节度观察防御团练使、刺史、两县令皆入谢。"以上都是须在延英中谢的官员。如崔珙，在大和七年，被授广州刺史、岭

鎏金铜鱼饰

南节度使,延英中谢,皇帝问其抚理南海事宜,琪奏对明辨,皇帝非常赞许。王徽正拜中书舍人,延英中谢,面赐金紫。中书舍人本正五品秩,但其职掌圣旨诏书草拟,官级虽不高岗位却很重要,故新授中书舍人,不仅于延殿英面见皇帝中谢,且皇帝还"赐金紫"。按照唐制,三品以上官员公服为紫色,五品以上为绯色,有时官品不及而皇帝推恩特赐,准许服紫服,称赐紫,赐紫同时赐金鱼袋,故称"赐金紫"。皇帝给任正五品中书舍人的王徽"赐金紫"是一种极高的礼遇和尊崇。而对于新任其他文武四品以下,及诸道行军司马、节度副使、两使判官、书记、支使、推巡令录等,皇帝却并不要求其入朝中谢,只于正衙朝谢即可。延英中谢是皇帝笼络高级官员和关键岗位官员、广泛掌握国家治理情形的一种重要方式。皇帝对延英中谢非常重视，开成元年（836）五月，针对有的新任刺史趁延英殿不开时只进状辞谢便匆匆赴职，专门敕旨要求自今以后，须"待延英开日，辞了进发"。

除此，还在延英殿举行召见县令、选任高级官员、召见外国、外族使者、殿试考试等政治活动。

县令是唐朝官僚政治体系的神经末梢，关系着国家统治基础的稳固，官级虽小，却备受唐代皇帝的重视。自代宗时起，就多次在延英殿召见县令。

唐制，文武六品以下官员的铨选由吏部与兵部负责，五品以上官员则由皇帝亲选或者宰相选任。唐后期，皇帝多在延英殿视朝，选任官员也多在延英殿进行，尤其德宗朝，德宗不信任宰相，五品以上官员往往由德宗亲选。唐人李群玉极有诗才，宣宗于延英殿授其弘文馆校书郎，李群玉因此作长诗《始忝四座奏状闻荐蒙恩授官，旋进歌诗，延英宣赐言怀纪事，呈同馆诸公二十四韵》，诗中以"昨忝丞相召，扬鞭指冥鸿。姓名挂丹诏，文句飞天聪。解薛龙凤署，怀铅兰桂丛。声名仰闻见，烟汉陪高踪"，表达了延英殿获职的喜悦之情。

皇帝也会在延英殿召见外国及外族的使者，尤在唐肃宗、代宗时期多次在延英殿召见回纥、突厥及渤海、新罗、白衣大食、婆谒等的使者。如肃宗上元元年（760）九月，回纥使20人于延英殿谒见，十月，回纥使近支伽裴罗等7人于延英殿朝见，十二月，白衣大食使者、婆谒使者等18人于延英殿朝会。代宗大历八年四月，新罗遣使贺正，献金银、牛黄、鱼牙绸、朝霞绸等物，召见于延英殿。六月，渤海遣使贺正，新罗遣使谢恩，并见于延英殿。大诗人白居易也对使者来朝及德宗在延英殿召见的情景专门作诗《蛮子朝》：

蛮子朝，泛皮船兮渡绳桥，来自巂州道路遥。
入界先经蜀川过，蜀将收功先表贺。
臣闻云南六诏蛮，东连牂牁西连蕃。
六诏星居初琐碎，合为一诏渐强大。
开元皇帝虽圣神，唯蛮倔强不来宾。
鲜于仲通六万卒，征蛮一阵全军没。
至今西洱河岸边，箭孔刀痕满枯骨。
谁知今日慕华风，不劳一人蛮自通。
诚由陛下休明德，亦赖微臣诱谕功。
德宗省表知如此，笑令中使迎蛮子。
蛮子导从者谁何？摩挲俗羽双隈伽。
清平官持赤藤杖，大将军系金呿嗟。
异牟寻劳寻阁劝，特敕召对延英殿。
上心贵在怀远蛮，引临玉座近天颜。
冕旒不垂亲劳倈。赐衣赐食移时对。
移时对，不可得，大臣相看有羡色。
可怜宰相拖紫佩金章，朝日唯闻对一刻。

延英殿还是举行殿试考试的场所。唐人王起于长庆三年（823）春在延英殿举行的殿试中喜中第二榜，朋友僧人广宣作诗寄贺，王起回诗曰《广宣上人以诗贺放榜和谢》，诗中提道："延英面奉入春闱，亦选功夫亦选奇。"可见延英殿可以举行春闱考试，方便皇帝选拔学业和才华出众的人。代宗大历年间进士王建在其诗作《宫词》也提到在延英殿殿试的情景：

延英引对碧衣郎，江砚宣毫各别床。

天子下帘亲考试，宫人手里过茶汤。

延英殿自德宗以后越来越受重视，甚至超越了宣政殿、紫宸殿，是皇帝最主要的办公理政的场所。上文中大诗人白居易用"移时对，不可得，大臣相看有羡色"这样的诗句来形容延英召对对于大臣来说是十分难得的机会，是才干得到皇帝认可和欣赏的证明，侧面也说明延英殿地位尊崇。白居易被贬崖州后，远离延英殿，很是失落，又作诗："昨日延英对，今日崖州去。由来君臣间，宠辱在朝暮。"

麟德殿

重廊屈折连三殿　密上真珠百宝灯

唐蔓草纹八角石望柱

　　唐蔓草纹八角石望柱出土于麟德殿西亭与结邻楼遗址之间。望柱长80厘米，直径25厘米，青色石灰岩质，柱身平面为八角形，上有线刻蔓草纹，下端有榫头。

　　望柱是勾栏栏板和栏板之间在地栿上立的柱，唐代多用八角、圆柱和方柱，石望柱往往由柱头、柱身和柱础三构件用卯榫连接起来。

麟德殿位于大明宫西北部的高地上，紧挨西宫墙，距离约90米，是大明宫的一处重要宫殿，也是大明宫内单体规模最大的建筑。建成于高宗麟德年间（664—665），因此名为"麟德殿"。宫殿坐北朝南，主体建筑由前殿、中殿、后殿组成，三殿前后相连，故又称"三殿"或"三院"。整个建筑除了三殿外，在后殿的东西两侧还有翼楼，东侧名为郁仪楼，西侧名为结邻楼。《黄庭经》注曰："郁仪，奔日之仙；结邻，奔月之仙。"郁仪楼象征日神，结邻楼象征月神，反映了皇帝对神仙美好生活的向往。两楼的南面、中殿东西两侧还有东亭和西亭。麟德殿这样的建筑是前所未有的，麟德殿可以称为唐代建筑的杰作，是唐代建筑技术和艺术辉煌成就的代表之一，甚至对远隔重洋的日本都产生了重要影响，在9世纪初日本创建的平安宫完全仿照麟德殿的形制和功能设置了丰乐院。

自1957年12月至1959年5月，中国社会科学院考古研究所唐城工作队首次对麟德殿进行了为期9个月的考古发掘工作，发掘面积达10 000余平方米，基本弄清了殿址的保存状况和形制。20世纪80年代，又对殿址近围做了发掘和复掘。两次考古成果表明，麟德殿遗址保存基本完整，遗留文物标本丰富，是大明宫内规模最大、保存最好的一处宫殿遗址。

考古发现，麟德殿殿基由黄土夯筑，平面呈长方形，四周以砖包砌。殿基高出唐代地面2.5米，是上、下两层的重台。下层台基南北长130.41米，东西宽77.55米，高约1.4米。上层小于下层，东西宽65.15米，因北缘破损严重，长度无法测定，估计约100米，高1.1米；上层南边较下层收

麟德殿遗址（1957—1959年发掘）

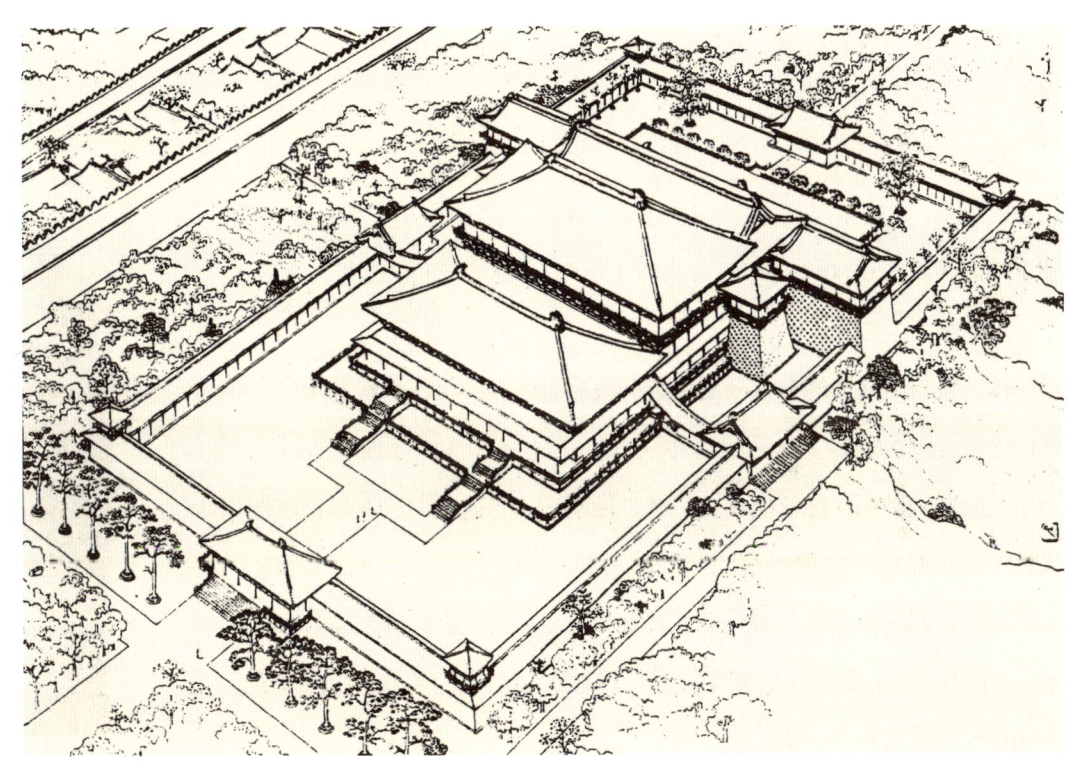

傅熹年《麟德殿复原鸟瞰图》

进 8 米，东西两边各收进 6.2 米，北边不清楚。殿基深入当时地面平均 3.2 米左右。

殿址在殿基重台之上，殿堂建筑已经破坏无存，现只存两山的墙基和柱础的坑位，山墙保存最高处只有 0.6 米。殿堂是前、中、后三殿连接而成，整个地面面积约 6500 平方米，分布着 192 个石柱础，南北 17 排，东西 12 排，以中殿为主殿。

郁仪楼与结邻楼的台基分别靠近后殿的东西向一端，与殿基第一层相连，距第二层 2.5 米。台基平面呈长方形，南北宽 10 米，东西长 26.3 米。台基遭到较大破坏，郁仪楼仅存砖基，西端高出当时地面近 5 米，东端却仅存 1 米高夯土，结邻楼保存情形基本相同。

东亭、西亭位于郁仪、结邻二楼的南面 3.8 米处，两亭东西对称，大小、形制均相同。台基平面近乎方形，南北宽 10.15 米，东西长 11.15 米，现残存 5 米高的夯土台基。

我们从以上考古发现再综合著名考古学家王仲殊和著名建筑历史学家傅熹年的考证推断，基本可以描绘出麟德殿独特的建筑形制。

麟德殿面向正南，形制左右对称，前殿面阔 11 间，除去两边山墙，殿内空间为 9 间，进深 4 间，八椽，单檐四阿屋顶，殿前有 5 米宽的前廊，前廊外设东、西两阶作为登殿之用。中殿较高，有上、下两层。中殿下层除去两边山墙外，将 9 间空间分为中间 5 间、两边各两间三个部分，各设门以通前殿、后殿，质同穿堂门，其上还有一层覆盖到后殿一部分的宽大

唐透雕龙纹石栏板

厅堂，可能是"景云阁"，面阔亦为11间，进深5间，单檐四阿屋顶。后殿面阔与前、中殿皆相等，进深为6间，整体均等分隔为3个相等的厅堂，推测这就是"障日阁"。中殿左右两侧各有一亭，称为"东亭"和"西亭"，台基方10.15米×11.15米，顶8.5米见方，四面包砖。台基上建四角攒尖亭子，面用四柱，当心间面阔4米，两梢间面阔2米，柱高4米。亭与中殿及郁仪、结邻楼之间用飞桥相通。后殿东西两侧各有一楼，称为"郁仪楼"和"结邻楼"，二楼基方 26.3 米 × 10 米，台顶方 24.5 米 × 8.5 米，台高 11.8 米，建筑正面 7 间，两梢间面阔 2 米，屋顶为单檐歇山。全殿周围以回廊围绕，整个建筑面积达 1.23 万余平方米。明清紫禁城中，体量最大的建筑太和殿的建筑面积为 2377 平方米，而唐大明宫内麟德殿建筑面积约是太和殿 5 倍。

麟德殿的功能和定位，早在建成之初就已确定。《大唐新语》载，高宗时，有一次皇帝计划在宣政殿宴请百官及命妇，宴会将以九部乐助兴。太常博士袁利贞听说这件事后，劝谏说："臣以为前殿正寝，非命妇宴会之地；象阙路门，非倡优进御之所。望诏命妇会于别殿，九部乐从东西门入，散乐一色伏望停省。若于三殿别所，自可备极恩和。"袁利贞大意是说，宣政殿是正殿，不是命妇宴会的地方，更不是倡优之辈随便出入的地方，建议将宴会设在麟德殿或者别殿。高宗即令移至麟德殿举行。从这个事情侧面可以看出，麟德殿规划之初的功能和定位就是宴会娱乐之所。

虽然麟德殿属于便殿，却是一处重要的集政治性和娱乐性为一体的宫殿。麟德殿的使用率很高，尤其是唐后期，皇帝常在此殿举行各种活动，对内有宴会、娱乐活动、宗教活动、召对官员等，对外则宴见外族、外国使者等。

举办各类宴会是麟德殿的主要功能，宋人宋敏求在《长安志》中就指出"凡内宴多在于此殿"。皇帝在麟德殿举行宴会活动大致有三类：一类

玉鹰首

是燕飨百官、褒扬功臣的大型宴会,这类宴会一般规模较大,参加的人员多、范围广;一类是固定节日的庆祝性的宴会,此类宴会一般时间、参加人员都比较固定,规模一般会小于第一类宴会,但有时规模也相差无几;一类是外事宴请的大型宴会,一般是外国、周边民族层级较高的使者来访,皇帝亲自接见后的招待国宴。

燕飨百官、褒扬功臣的大型宴会在唐中后期常于麟德殿举行。参加宴会的人数有几百人或上千人之众,史籍上记载参加人数最多的一次甚至多达3500人,即大历三年(768)五月,代宗在麟德殿宴请剑南、陈郑、神策将士3500人。代宗时还连续在麟德殿举办过数次规模较大的宴会。大历十三年正月,皇帝宴请宰相及节度使、转运使、判度支、户部侍郎、京兆尹等，并赏赐了财物。二月，又宴请五品以上侍臣、五品以上御史台官员、四品以上尚书省官员及节度、观察、在城判官等，还有宰相、勋臣兄弟等赴宴，连续开宴三日，赏赐极为丰厚。大历十四年二月壬辰，代宗宴宰相及两省供奉官并文武百官，赏赐财物。癸巳，代宗又宴请了至德（956）以后的勋臣子弟及藩邸旧臣子弟，赏赐了财物。代宗在其即位之初便多次在麟德殿设宴，是出于巩固政权，稳定统治的政治需要。同样的，德宗在平定泾原兵变结束在外流亡返回长安后，也数次在麟德殿举行了盛大宴会，款待有功的将士臣属。史载，德宗兴元元年（784）七月，皇帝返回大明宫后，每隔一日便于麟德殿宴请功勋大臣，每宴必亲自过问菜单酒品，安排盛大音乐节目，每次都"极欢而罢"。如此频繁宴会，既是为了褒扬功勋，也是为了尽快恢复统治秩序。《册府元龟》曾记载，肃宗至德以来，只求军事实力壮大，却几乎断了宴会和恩赐，大历末年唯有宴请中书门下两省供奉官和诸司三品官而已，地方官员对朝廷慢慢开始懈怠了。这一记载也完全道出了皇帝举办麟德殿大宴的目的，即是笼络中央和地方的官员，稳固统治。贞元四年（788）德宗又连续在麟德殿举办了数次大宴会，收到良好的效果，"至是常参官及二王后、皇室从曾以下亲、异诸亲、勋臣、节将子孙悉集焉"。自此以后，麟德殿大宴屡见于史载。如敬宗宝历元年（825）三月壬子，"御三殿宴百僚。癸巳，又宴宰臣、翰林学士、给事中、中书舍人、御史中丞、诸曹尚书、侍郎、京兆尹等，颁赐银器、锦采有差。"宪宗元和十三年（818）二月，御麟德殿宴群臣，宴上奏大合乐，连续三日而罢，颁赐有差。元和十四年七月甲申，"御麟德殿，宴宣武军节度韩弘及判官、大将军等共三百人，赐物有差。"同年八月，"魏博节度使田宏正来朝，赐宴于麟德殿，其大将三百余人，赐物有差。"……能够参加麟德殿宴会对于官员来说莫不是一种荣耀，而当多数官员是因立下赫赫战功成为麟德殿赐宴的主宾时，对武官将帅们更是莫大的褒扬。《旧唐书·王智兴传》载，大和初，李同捷据沧德叛乱，唐军用了几年都没有平乱，沧德行营招抚使王智兴却攻下棣州，很快稳定了局面。故以王智兴为首功，平定叛乱后回到京师，皇帝赐宴麟德殿，赏赐珍玩名马，进位侍中，改为徐州刺史、忠武军节度使等。诗人杜牧在诗作《郡斋独酌》更以"功成赐宴麟德殿，猿超鹘掠广球场。三十宫女侧头看，相排踏碎双明珰"生动描绘了赐宴麟德殿的无限风光。

每年固定节日如端午节、寒食节等皇帝会在麟德殿设宴庆祝。除元正和冬至外，寒食也是唐代非常重要的节日。这些重要节日，朝廷不仅会举行大朝会或宴会，而且也会给官吏们放假，寒食节放假时间在玄宗时为四天、代宗时为五天、德宗时增加到七天，相当于我们的国庆黄金周了。冬至、元正这两个节日我们前文都已叙述过，皇帝多在含元殿举行大朝会。而寒食节皇帝多在麟德殿设宴，尤其是唐后期。寒食节又名"禁火节""冷节""百五节"，传说秦始皇时初置，在夏历冬至后的第105天，清明节前一二日。寒食节源于远古时期的改火习俗。每年初春时节，气候干燥，极易发生火灾，古人为此举行隆重的祭祀活动，将上一年保留下来的火种全部熄灭，然后钻燧取出新火，作为新一年生产生活的开端，谓之"改火"或"请新火"，慢慢便形成了禁火节，唐代规定寒食节禁火三日。在无火的几天内，人们用提前准备好的冷食度日，即为"寒食"，故而得名"寒食节"。唐代寒食节的主要习俗是禁烟火、吃冷食，互赠鸡、鸭、鹅、蛋等，还有一个重要节俗是扫墓，并且是官方规定的礼仪。《旧唐书·玄宗上》记载："开元二十年五月癸卯，寒食上墓，宜编入五礼，永为恒式。"

寒食扫墓、追怀祖先，节日气氛应是庄重肃穆的，故唐初朝廷多次下禁令，禁止民间和官员在此日饮酒作乐。《唐会要》记载，龙朔二年（662）四月十五日，高宗下诏曰："寒食上墓，复为欢乐，坐对松檟，曾无戚容，既玷风猷。并宜禁断。"开元二十年（732）四月二十四日，玄宗又进一步规定，寒食上墓"用拜扫礼，于茔南门外奠祭撤馔讫，泣辞，食余于他所，不得作乐。"虽然寒食节不允许民间作乐，皇帝却会于这一天在麟德殿宴请群臣。如贞元十二年（796）二月，唐

麟德殿复原图（来源《大明宫复原研究》）

德宗以寒食节，御麟德殿内宴。元和二年（807）二月，唐宪宗在寒食节，宴群臣于麟德殿，赐物有差。宝历二年（826）二月，寒食节，敬宗宴群臣于麟德殿。寒食节在麟德殿设宴记载还有很多。寒食节的麟德殿宴会级别虽属当时国宴，但却远不如今天的政府招待宴会，饮食品类很少，而且还是凉菜凉饭。《唐六典·光禄寺》载，凡朝会、燕飨，九品以上官员皆会供给膳食。官员按照品秩有不同的定例：左、右厢南衙文武职事五品以上及员外郎供馔百盘，其余供中书、门下供奉官及监察御史，每日常供应三只羊，六参之日加一羊焉；冬月增加造汤饼及黍臛，夏月加冷淘粉粥，寒食加饧粥。韩愈的大弟子，德、宪、穆宗时期官员，诗人张籍曾撰诗《寒食内宴》描述寒食节麟德殿宴会的场景，也提到了寒食节吃冷食的习俗：

朝光瑞气满宫楼，彩纛鱼龙四周稠。

廊下御厨分冷食，殿前香骑逐飞球。

千官尽醉犹教坐，百戏皆呈未放休。

共喜拜恩侵夜出，金吾不敢问行由。

除了寒食节，端午节、中和节等节日也会在麟德殿设宴。玄宗曾在端午节于麟德殿设宴宴请群臣，君臣同乐，心情愉悦，玄宗还留下诗作《端午三殿宴群臣探得神字》，诗中写道"方殿临华节，圆宫宴雅臣"。可见端午节宴会百官是唐代宫廷的重要传统。

中和节是唐代特有的节日，皇帝于此节也会在麟德殿举办宴会。据《大慈恩寺志》记载，中和节起自于唐德宗时，源于秦汉时期的月晦节。月晦节是正月的最后一天。这个节日通过在一年之始到水边嬉戏取乐，溅水于裙，开怀畅饮，舒展身心，消除过去一冬中积下的郁闷，祈祷新的一年里生活平安无厄。在初唐、盛唐时期，一直沿旧习举行月晦节。到唐德宗时，皇帝"以前世上巳、九日（九月九日），皆大宴集，而寒食多与上巳同时，欲以二月名节，自我为古"，于是下诏将二月一日定为中和节，代替月晦节。贞元十四年（798）二月戊午，德宗御临麟德殿，宴文武百官，皇帝亲制的《中和乐舞曲》在宴会上第一次隆重亮相，还演奏新曲《破阵乐》，奏遍《九部乐》乐曲章节，宫中歌舞伎十数人在殿廷翩翩起舞，直到太阳落下宴席才散。这一天就是中和节宴会，因二月一日中和节那天下雪改在此日举行。宴会很顺利，新曲也动听，德宗格外高兴，还赋诗《中春麟德殿会百僚观新乐诗》一首：

芳岁肇佳节，物华当仲春。

乾坤既昭泰，烟景含氤氲。

德浅荷玄贶，乐成思治人。

前庭列钟鼓，广殿延群臣。

八卦随舞意，五音转曲新。

顾非咸池奏，庶协南风熏。

式宴礼所重，浃欢情必均。

同和谅在兹，万国希可亲。

皇帝生日也常在麟德殿设宴庆祝，前文曾提及，唐朝自玄宗以后，皇帝往往将生辰日定为节日，并在生日当天宴请百官庆祝生辰。据《旧唐书》记载，德宗、文宗、武宗等都曾在生日当天在麟德殿举办宴会。

在麟德殿举办的最重要、最有国际影响力的宴会是外事宴请，即宴见外国、周边民族首领或高级官员的国宴。唐朝中后期重要的外事活动多在麟德殿，尤其是唐德宗贞元以后的重要外事接待活动大多在此举行，虽然大明宫内其他建筑也偶尔有外事接见，但规模都相对较小。这里的外事的概念是广义的，除了指与唐交往的国家外，还包含了周边的民族部落。唐代实行宽容的民族政策——羁縻政策，"羁縻"意为笼络牵制，即唐朝中央政府对周边民族一方面用"羁"以政治、军事手段威压、控制，另一方面用"縻"以物质、经济、联姻等手段安抚拉拢。因此周边民族政权，如回纥、渤海、突厥、吐蕃、南诏等的政权都是独立的。其他部落如契丹、室韦、奚、东蛮等，虽依附唐朝，也处于半独立的状态。

最早在麟德殿外事宴请的记载是在武则天称帝后的长安二年（702）九月，先是吐蕃赞普率万人寇略悉州，都督陈大慈率军与之大战四回合，皆取胜，杀敌1000余名，吐蕃遣使论弥萨等人入朝求和，武则天于麟德殿宴请吐蕃使团，还在殿廷安排了百戏表演。长安三年，日本遣唐使团第七次来到长安，武则天也在麟德殿宴请了使团大使真人粟田等，并授予其司膳卿一职。真田本人好读经史，温文尔雅，不仅给日本带回了唐朝先进的文化，还把大明宫的规划设计思想带了回去。8世纪初日本仿照含元殿的形制建造了第一次大极殿。学者王仲殊仅据《册封元龟》记载统计，从玄宗开元元年（713）到武宗年间（841—846）130余年间，唐朝皇帝在麟德殿设宴并赏赐吐蕃、回鹘、南诏、昆明、牂牁、奚、契丹、室韦、新罗、渤海及其他外蕃使臣共计80余次，其中吐蕃使臣8次，回鹘使臣8次，南诏使臣18次，昆明使臣3次，牂牁使臣10次，奚使臣4次，契丹使臣8次，室韦使臣7次，新罗使臣3次，渤海使臣14次。唐朝自肃宗以来，使臣到达长安后，往往先在大明宫宣政殿朝见皇帝，皇帝在麟德殿对见使臣，然后宴请款待。唐人的诗文中也时常提及，曾任太常寺丞的王建在诗作《宫词》中也说"直到银台排仗合，圣人三殿对西番"，代宗大历年间的宰相常衮所作《奉和圣制麟德殿燕百僚应制》提到麟德殿宴会上"蛮夷陪作位，犀象舞成行"，德宗贞元中女诗人宋若宪的《奉和御制麟德殿宴百官》中也描述过"四聪闻受谏，五服远朝王"的皇帝宴请外番使臣的场景。

麟德殿还是皇帝娱乐休闲的场所，常常会举办一些文艺活动，尤其是宴会时必有百戏供皇室贵胄观赏、娱乐。百戏是中国戏剧的雏形，唐时百戏进入了鼎盛时期，品类繁多、内容丰富、表演技艺高超是唐代百戏的特点。唐代百戏包括乐舞、俳优杂戏、杂伎、球戏、动物戏、幻术等，自玄宗以后，逐渐在宫廷流传开来，每逢宴会必有百戏。

在麟德殿演出频率最高的百戏品类是大型宫廷乐舞，如德宗时贞元十四年中和节宴在麟德殿演奏的《九部乐》《破阵乐》，这两个乐舞都是宫廷宴会常使用的。《九部乐》源于隋朝，唐时继承和发扬，唐朝《九部乐》包含有燕乐、清商、西凉、扶南、高丽、龟兹、安国、疏勒、康国九个伎部，不仅有唐朝传统宫廷乐舞,还融合了其他国家及民族的音乐、舞蹈,是唐时东西方文化交流的产物。《破阵乐》则主要歌颂了唐太宗李世民统一国家的功绩,也是集歌、舞、乐于一体的综合宫廷乐舞,表演人员众多,有120余人,常在宫廷宴会、元正、冬至朝会表演。新乐舞也会在麟德殿展演。如贞元三年(787)四月,河东节度使马燧献《定难曲》,德宗御麟德殿阅试。贞元十六年正月,南诏王异牟寻作《奉圣乐》进献,德宗在麟德殿观赏,听后很满意,并将此乐授予太常寺乐工。

俳优杂戏、动物戏、角抵戏等百戏都在麟德殿演出过。俳优意为长于音乐和谐戏表演的人,他们擅长运用幽默诙谐的语言、杂耍、舞蹈等技艺或针砭时弊或嘲讽权贵或调笑身边的人和事,以此取悦观众。俳优杂戏是一种俗文学,最先在军队和民间创立并发展,唐代时传播甚广,甚至流传到了宫廷。如唐文宗大和二年(828)寒食节时,皇帝宴群臣于麟德殿。当天,杂戏人在表演时扮丑孔子取乐,文宗看到非常生气,说:"孔子是古今之师,安能随便侮辱亵渎?"立即令人驱离。弄孔子是唐代俳优杂戏的典型剧目,还有弄军人、弄假妇人、弄婆罗门等。文宗看了弄孔子的俳优杂戏后反应这么大,可能是文宗较少接触俳优杂戏的缘故,也说明俳优杂戏并没有被唐代宫廷完全接受。

动物戏顾名思义即以动物作为演出的主角,常常在宫廷宴会中出现。如贞元四年春正月,德宗"宴群臣于麟德殿,设《九部乐》,内出舞马。"舞马就是动物戏,也是百戏的一类。《明皇杂录》载,天宝年间,玄宗令

唐章怀太子墓壁画《马球图》

人教舞马四百匹。其后每宴乐时，当倾杯乐曲响起，马闻其曲奋首鼓尾，动脚无不应节奏衔起酒杯上寿。舞马戏现在已经失传了，幸好陕西历史博物馆藏有一件唐舞马衔杯纹银壶，银壶上纹刻了一匹奋首鼓尾衔杯等待音乐响起的舞马，让我们能有机会见到唐代舞马。

角抵戏也在麟德殿表演，角抵又名相扑、争交，源于战国，到了唐代，角抵得到达官贵族的喜爱，常是宴会中的压轴节目。如唐敬宗宝历二年（826）六月，"上御三殿，观两军、教坊、内园分朋驴鞠、角抵。戏酣，有碎首折臂者，至一更二方罢。"角抵戏还传到了日本，发展成了现在日本的相扑。

上面引文中还提到了驴鞠，驴鞠就是骑驴击鞠，是唐代击鞠即马球运动的一种形式。唐人热衷马球运动，尤其在贵族阶层更是风靡，因此，我们比较熟知是骑马击鞠，但也有骑驴击鞠的运动。学者李重申等考证："唐代20位皇帝中，有11位热衷于马球运动，其中有多位皇帝为打马球高手。"大明宫内更是建有多个打马球场地，如清思殿、玄武门、麟德殿等都有球场。麟德殿打马球的活动史籍记载有很多，如唐德宗贞元四年（788）二月，"帝御麟德殿，观宰臣李晟、马燧及诸将会鞠，李泌辞以不能，请记筹。丛之，颁赐有差。"贞元十二年二月，"寒食节，帝御麟德殿之东亭，观武臣及勋戚子弟会毬，兼赐宰臣宴馔。"会毬即打马球。除了观看马球赛，有时皇帝也会亲自下场比试。如贞元六年二月，"帝以寒食与宰臣及北诸军将军，击鞠于麟德殿，颁赐各有差。"长庆元年（821）二月，唐穆宗击鞠于麟德殿。

麟德殿还是皇帝进行宗教活动的重要场所。唐朝实行佛、道等多教并立的宗教政策，虽然偶有消长，但总体来说允许各种宗教并存的。皇室则对佛、道二教更为垂青，在大明宫建有多个佛寺和道教建筑。据学者杜文玉考证，自肃宗时期开始，麟德殿发展成为大明宫中重要的宗教场所。早在开元十八年（730）十月，唐玄宗命集贤院学士陈希烈等，于三殿讲《道德经》，这拉开麟德殿举行宗教活动的序幕，之后若干年麟德殿宗教活动处于停顿状态，直到肃宗即位以后，才渐渐活跃起来。据《册府元龟·帝王部·诞圣》载，上元二年（761）七月，唐肃宗御"麟德殿观僧、道讲论，颁赐有差。"九月，以肃宗生日设天成地平节，在当天于麟德殿设置道场，《资治通鉴》则对此记载得更详尽："天成地平节，上于三殿置道场，以宫人为佛菩萨，士为金刚神王，召大臣膜拜围绕。"至此，肃宗开启了皇帝生日在麟德殿举办宗教活动的先河。到了德宗时期，皇帝在生日当天会在麟德殿举办佛、道、儒三家的宗教研讨会，后世的皇帝纷纷仿效，渐渐成了惯例。《册府元龟·帝王部·诞圣》记载有：

唐德宗贞元十二年四月庚辰，"帝降诞之日，近岁常以其日会沙门道士于麟德殿讲论。帝每谓三教与儒教所归不殊，但内外迹用有异尔。是日，兼召儒官给事中徐岱、兵部郎中赵需、礼部郎中许孟容、四门博士韦渠牟与沙门谈延、道士万参成等数十人迭升讲，坐论三教。初如矛戟，森然相向，后类江河同归于海。帝大悦，颁赐有差。"

唐宪宗元和九年二月降诞日,"御麟德殿,垂帘命沙门、道士三百五十人斋会于殿内。食毕,较论于高座,晡而罢,颁赐有差。"

唐敬宗长庆四年正月即位,六月九日降诞日"帝御三殿,命浮图、道士讲论,内官及翰林学士、诸军士、驸马皆从。既罢,赏赐有差。"

文宗元和四年十月十日生,所以大和元年十月降诞日召秘书监白居易等与僧惟应、道士赵常盈于麟德殿讲论,赐锦采有差。

关于此类的记载还有很多,就不一一赘述了。唐代诗人贾岛在诗作《内道场僧弘绍》中记述了麟德殿道场僧人弘绍的故事:

麟德燃香请,长安春几回。

夜闲同像寂,昼定为吾开。

讲罢松根老,经浮海水来。

六年双足履,只步院中苔。

皇帝还会在麟德殿召对官员,这主要是唐后期的皇帝经常在麟德殿处理政务的缘故。《雍录》直接指出:"凡蕃臣外夷来朝率多设宴于此,至臣下亦多召对于此也。"但皇帝在麟德殿专门召对的官员,范围并不广,一般都是

麟德殿遗址保护展示工程实施后

近臣,有翰林学士、南北军使、公主驸马等。如唐宪宗元和九年(814),杜悰选尚宪宗长女岐阳公主,皇帝专门在麟德殿召见。元和十三年二月,宪宗御麟德殿,召对翰林学士张仲素、段文昌、沈传师、杜元颖,以他们在讨伐叛乱期间工作勤勉,赏赐张仲素紫服,段文昌等绯服。唐文宗即位之初,还

麟德殿遗址前《唐舞马》雕塑

于麟德殿召对南北军使。

总的来看，麟德殿是大明宫内一处不可或缺的重要宫殿，是整个宫城一个重要的功能分区，承担了皇室、国家的大型宴会招待工作，是整个长安城甚至国家最重要的会客厅。

"翰林"白瓷瓶　　　　"翰林"白瓷瓶拓片

大明宫内官署机构

共沐恩波大明宫　朝朝染翰侍君王

　　这件白釉"盈"字款瓷罐出土于大明宫遗址，它通体白釉，胎白坚硬，圆口矮颈，鼓腹平底。罐底刻有"盈"和"翰林"字样，字体自然、流畅。此器应烧造于唐时七大名窑之一、以盛产白瓷闻名于世的邢窑。瓷罐足底"盈"字说明此器是皇帝内库大盈库专门定制的，"翰林"字样代表此器归于翰林院使用。我们知道，大明宫不仅仅是唐代皇帝居住的地方，也是大唐帝国的统治中心所在，这样就少不了具备皇帝咨询、顾问、传达政令的官署机构。大明宫内官署机构很多，基本围绕着大明宫前朝区设置。唐朝中央重要官署机构大多在大明宫内有分支机构，涵盖了整个国家的决策班底。翰林院则是唐代在大明宫内首设为帝王起草诏书的官署机构。

一、朝堂

朝堂是百官议政与候朝之处，在大明宫内有两座，左右相对，分别位于含元殿前面翔鸾阁和栖凤阁南面平地30米处，称"东朝堂"和"西朝堂"。

朝堂设置源自汉代，隋唐时期继承并发展。隋文帝创建大兴宫时，把朝堂建在了正门承天门外面。唐朝建立后，虽将大兴宫名称改为太极宫，但朝堂等建筑及功能没做改变。后来营建大明宫时，又在含元殿前增加了朝堂的设置。

关于大明宫东、西朝堂，中国社会科学院考古所唐城队第一任队长马得志先生曾带队于1982年进行过考古发掘，基本探清了东朝堂的形制和范围，而西朝堂当时被建筑占压，未能进行考古工作。古代建筑布局和形制往往两边对称，从东朝堂形制，我们可大概得知西朝堂的形制。考古发现，东朝堂曾经改建和扩大过，遗址有早晚两期。早期朝堂的建筑比较简单，只是一座大型房殿和一道东西向的墙垣。朝堂坐北向南，基坛残存高0.3—0.6米，基坛的平面形状呈长方形，东西长73米，南北宽12.45米。基坛周围砌砖壁，外铺砖散水一周。据基坛面积推测，朝堂面阔15间，进深约2间。在南侧有踏步三个。在朝堂东端的中间，有一道2米宽的版筑土墙直向东去，发掘长度达87米，尚未到尽头。再向东10米，即含耀门南街。估计此墙的东端很可能与含耀门街西之南北墙相接。"侧门"很可能就在此处。由朝堂东出侧门，稍南即昭训门，再南即出望仙门。百官由望仙门入朝，这一东西向的墙即起着与北面宫廷隔绝的作用。晚期的朝

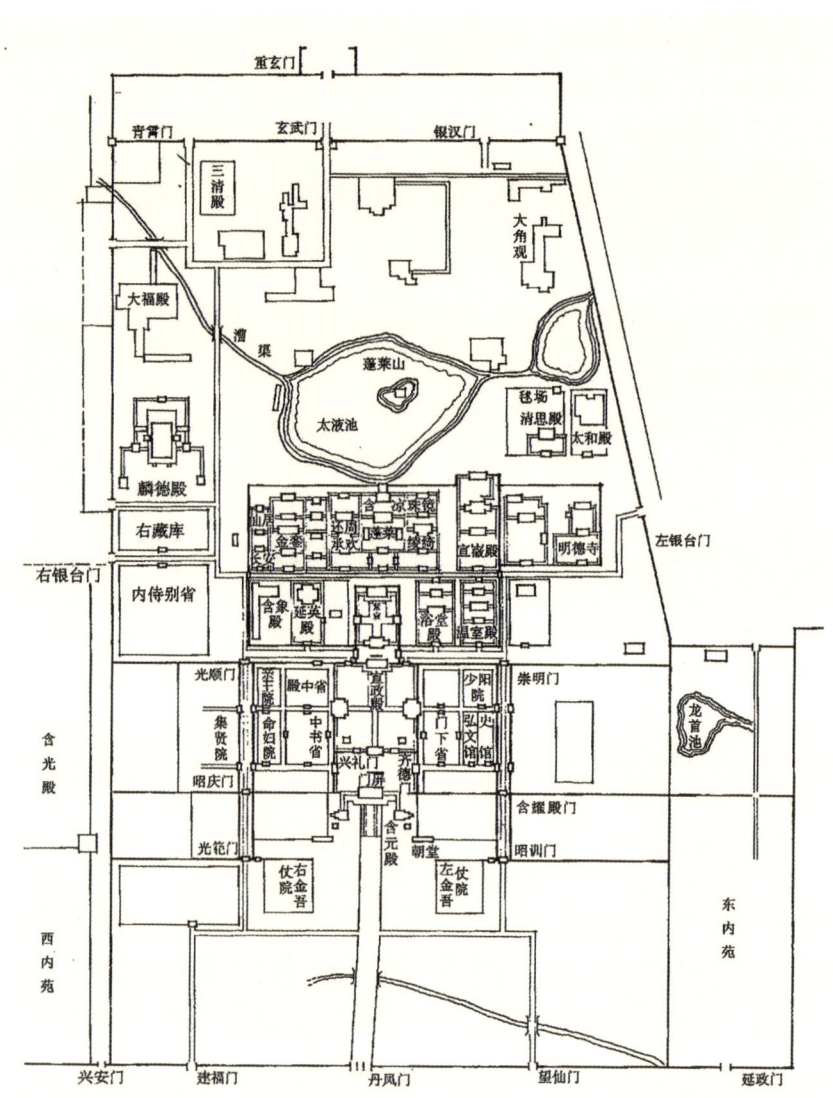

傅熹年先生绘制的大明宫复原图中官署机构分布情况

堂基址，是在早期的基址上重建的，但向东移了 16 米多，并向北展宽 4 米，又在西端北侧向北新建了一排廊房，南北长 43 米多（北端被路沟破坏了一部分），东西宽 10.4 米。台基两侧未发现踏步，只有散水的遗迹。改建后的朝堂比早期朝堂缩短了 5 米左右，东西长为 68 米，南北宽为 16 米，朝堂面阔可能是 13 间，进深约 3 间。南侧沿用了早期的两个踏步，为左、右阶。东端向东去的版筑土墙被废毁，改建为廊道，廊址的台基宽 7.5 米，东西长 73 米。廊址两侧有散水，百官入朝时可由长廊直达朝堂。

朝堂的主要功能之一是百官议事的场所，百官议事通常由宰相主持。贞元二十一年（805）顺宗即位后，重用自己信任的翰林学士王伾、王叔文等进行永贞革新，旨在加强中央集权，反对藩镇割据，反对宦官专权，改革触动了宦官和藩镇的利益，遭到宦官集团、藩镇势力的一致反对。七月，宦官俱文珍逼迫顺宗下旨由皇太子李纯监国，于是皇太子在朝堂召见了百官，获得了大部分官员的支持。八月四日，皇太子在宣政殿即位，是为宪宗，顺宗下野，退居兴庆宫，参与改革的王伾、王叔文、柳宗元等人遭到贬斥流放，永贞革新仅持续了 100 多天即宣告失败，史上又称"二王八司马事件"。

朝堂的另一个主要功能是百官候朝之处。每逢元正、冬至等外朝大典，百官要先在朝堂按品秩序班，文官在东朝堂，武官在西朝堂，由监察御史分领有序进入含元殿。常朝朝会时也类似，百官要提早由建福门入宫，先到朝堂等候，待天亮以后，百官按班排列。两名监察御史分立在东、西朝堂砖道上传点完毕，内门打开。监察御史领百官进入，两名监门校尉执门籍说"唱籍"。进入内门时文班在前，武班在后，至宣政门或东西上阁门时，文班入西门，武班入东门，最后进入宣政殿或紫宸殿。除了上朝以外，皇帝若是去圜丘祭祀，随从官员依据文东武西制度待制于朝堂，皇帝出则随行，礼毕回宫，官员亦复随至朝堂，待皇帝回寝宫，才各自散去。

朝堂还是官员的待罪之处。唐制，大臣如在上朝时被御史当面弹劾，必须躬身退出，在朝堂站着待罪。如至德二载十月，广平王将胁从安禄山父子叛乱的官员300余人带回长安，这些文武官员皆免冠赤足于大明宫朝堂待罪，肃宗令御史中丞崔器弹劾，后来这些人被收押到大理寺、京兆府的监狱。

武则天临朝称制后，为拉拢人心，于垂拱二年（686），下令熔铜为匦，在大明宫朝堂一室内四个方位分别放置青、丹、白、玄四色铜匦：东面青匦名"延恩匦"，上赋颂及许求官爵者封表投之；南面丹匦名"招谏匦"，有言时政得失及直言谏诤者投之；西面白匦名"申冤匦"，有罪冤申诉者投之；北面玄匦名"通玄匦"，有玄象灾变及军谋秘策者投之。这样武则天既可发现人才、广开言路，又给老百姓直接向最高统治者申诉冤狱的机会。只是理想很丰满，现实很骨感，此政一出，便被有些人利用，有的恶意攻讦别人阴私之事，有的故意诽谤朝政，武则天不得不"以谏议、补、拾充使于朝堂，知匦事"，专司监察投状，并将投状于傍晚时递交皇帝。后来，武则天利用投匦大开告密之门，有效地清除了政敌，稳固了统治。

玉牌饰

虽说武则天利用投匦大开告密之门,然据《唐六典》载,其也审天下冤案达万人,所以为唐代后来的君主一直沿用。

依照太极宫承天门之制,大明宫东朝堂前面也放置了肺石,因色赤如肺,故名。百姓有冤情,可以立于肺石上喊冤,御史闻之受其状书。西朝堂前则放置登闻鼓,有冤情者可以击鼓申诉,御史闻之受状。如大和九年(835)六月,京兆尹杨虞卿因家人口出妖言,被牵连下狱,其弟、子等8人"挝登闻鼓称冤",文宗后赦其归家。

大明宫中的朝堂,无论建筑形制还是规模,在中国古代宫廷中都有代表意义,具有承前启后的地位。大明宫的朝堂制度深刻地影响了后世,为宋代所沿袭。

二、中书内省

中书内省位于大明宫宣政殿西廊月华门的西面。

中书省是唐代中央最高制令决策机关,唐初,因隋旧制,称内书省。高祖武德三年(620),改为中书省。高宗龙朔二年(662),改为西台。咸亨元年(670),复为中书省。武后光宅元年(684),改为凤阁。中宗神龙元年(705),复为中书省。玄宗开元元年(713),改为紫微省。开元五年,复中书省之名。自此,中书省之名固定下来。中书省、门下省、尚书省共掌军国大事,号称"三省"。中书省负责草拟诏敕与国家政令,经门下省复核后,交尚书省颁布执行。中央各部门及地方州府奏章也由中

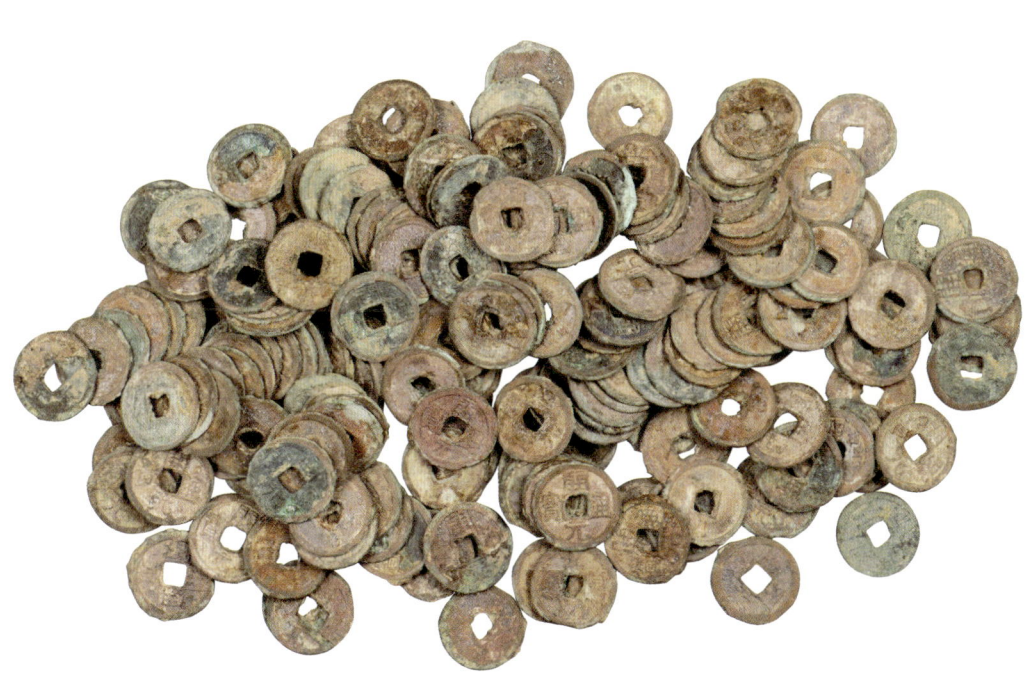

开元通宝钱币

书省递交皇帝，并参议国事，草拟批复。中书省设中书令2人，正二品，居宰相之职，职掌辅佐天子执大政，并负责中书省总体事务；下设侍郎2人，正三品，职掌贰令之职，朝廷大政参议；又有舍人6人，正五品上，职掌侍从天子进奏，参议处理表章；还有属官主书、右散骑常侍、右谏议大夫、右补阙、右拾遗、起居舍人、通事舍人等344人。中书省总领集贤殿书院、史馆、翰林院等。高宗永淳二年（683）七月，中书令裴炎还将原设在门下省宰相集体议事的政事堂移于中书省。开元十一年（723），中书令张说将政事堂改为中书门下。

中书省有内、外两处办公地点。外省约在今天西安城内北广济街中段西面；内省先是在太极殿西侧，后迁至大明宫宣政殿西廊月华门的西面。中书内省官员颇有才名，常以大明宫中书内省为题留下许多脍炙人口的佳作，如著名诗人岑参在乾元元年（758）任中书省右补阙值夜大明宫时，曾作诗《西掖省即事》抒怀：

西掖重云开曙晖，北山疏雨点朝衣。

千门柳色连青琐，三殿花香入紫微。

平明端笏陪鹓列，薄暮垂鞭信马归。

官拙自悲头白尽，不如岩下偃荆扉。

三、门下内省

门下内省位于大明宫宣政殿前东廊日华门的东侧。

中书省政事堂复原图（来源《大明宫复原研究》）

门下省是唐代中央政令审议机关。唐高祖武德初年，因隋旧制，设置门下省。龙朔二年（662）二月四日，改为东台。咸亨元年（670）十二月二十三日，又改回门下省。光宅元年（684）九月，改为鸾台。神龙元年（705）二月四日，复改为门下省。玄宗开元元年（713）十二月一日，改为黄门省。开元五年九月六日，仍改门下省。门下省与中书省同为机要部门，共同参议国事，有封驳之权，主要负责政令的复核，签署奏章。中书省所拟诏书，需经过门下省审核，无不妥再交尚书省颁布执行。如有问题，则驳回中书省修改重拟。如贞元十八年（802）二月，德宗下诏以浙东团练副使齐总为衢州刺史，官员们议论纷纷，都认为这种破格提拔不符合常理。诏书发至门下省，门下省给事中许孟容上表封还，不予发送。后来，又有官员上疏反对此事，此事终未成行。中央各部门及地方州府奏章也需先由门下省审验，无问题再转中书省进呈皇帝，若有不妥则发回修改再报。

门下省设侍中2人，正二品，居宰相之职，为本省负责人，执掌出纳帝命，相礼仪。凡国家事务，与中书令共同参议。下设门下侍郎2人，正三品。属官还有左散骑常侍、左谏议大夫、瓯使、给事中、左补阙、起居郎等。门下省领弘文馆。

门下省分内、外两处办公：外省在承天门外东侧，约在今天西安城内北广济街中段东侧，称为门下外省；内省原在太极宫太极殿东侧，后迁于大明宫宣政殿前东廊日华门的东侧，称为门下内省。著名诗人王维、诗圣杜甫都曾是门下省的属官，在大明宫的门下内省值班时有所感怀，分别留下了许多千古名作，如王维的《春日直门下省早朝》、杜甫的《春宿左省》《晚出左掖》等。现录王维的《春日直门下省早朝》如下：

骑省直明光，鸡鸣谒建章。

遥闻侍中佩，暗识令君香。

玉漏随铜史，天书拜夕郎。

旌旗映阊阖，歌吹满昭阳。

官舍梅初紫，宫门柳欲黄。

愿将迟日意，同与圣恩长。

四、御史北台

御史北台位于大明宫中书省南面。

御史台是唐朝中央监察机关，唐武德初年因隋制设置。长官御史大夫1人，正三品；副长官御史中丞2人，正四品下。御史台主要掌管国家的刑、宪法律典章，监察百官，对违法违纪者进行弹劾，受理冤而无告的案件，并与刑部、大理寺一起组成三司，联合审判重大案件。大理寺审理的案件，由刑部复核，御史台则负责监审。玄宗时，在其下设三院：一为台院，置御史6人，职掌纠察百官，入阁承诏，推鞫狱讼；二为殿院，置殿中侍御史9人，职掌殿廷供奉礼仪，另长安、洛阳两京城内，分左右巡，各自监察其所巡之内的不法之事；三为察院，置监察御史15人，分别职掌监察百官，巡按州县。

御史台有南、北两处办公地点：南台即御史台总部，大约在今天西安城内西大街东段路北的北院门街北段之西；北台则位于大明宫内，初在中书内省南面设有御史中丞院，因御史入宫没有足够地方候朝和处理公务，于文宗大和四年（830）三月，奏请仍于中书省南面扩建御史北台，亦称"御史台中书南院"。舒元舆专作《御史台新造中书院记》以记此事，文中提到此次扩建将中丞院、杂事院、左右巡使院三院整合到一体，御史北台东西长达四十六步（约合71.3米），南北宽四十步（约合62米），总面积约4420平方米。文中还提到御史北台在大明宫执勤的主要职责："至含元殿西庑，使朱衣从官传呼，促百官就班。迟晓，文武臣僚列于两观之下，使监察御史2人立于东西朝堂砖道以监之。鸡人报点，监者押百官由通乾、观象入宣政门。及班于殿廷，则左右巡使2人分押于钟鼓楼下。若两班就食于廊下，则又分殿中侍御史一人为之使以莅之。内谒者承旨唤仗入东西阁门，峨冠曳组者皆趋而进，分监察御史2人，立于紫宸屏下，以监其出入。炉烟起，天子负斧扆听政，自螭首龙池南属于文武班，则侍御史一人尽得专弹举不如法者。"

五、翰林院

大明宫翰林院在右银台门内。

翰林院，唐玄宗开元初始置，是词学、经术、合炼、僧道、卜祝、术艺、书弈等方面艺能伎术人才的供奉之所。太宗时，名儒学士时时被召入宫草制文书，然而这些人尚未有名号。乾封以后，因学士们常于北门等候及出入，始号"北门学士"。玄宗时初置"翰林待诏"，以张说、陆坚、张九龄等为之，掌四方表疏批答、应和文章。既而又以中书事务繁多，文书多积压，于是择选文学之士，号"翰林供奉"，与集贤院学士分掌制诏书敕。至时，始设翰林院，翰林待诏、翰林供奉皆在此待诏。

唐代的翰林院共有三处，一处在大明宫右银台门内，一处在兴庆宫金明门内，一处在太极宫显福门内。连东都、华清宫都有待诏之所。翰林院是随着皇帝的行在而设，大明宫是唐代皇帝朝寝的主要宫城，故大明宫的翰林院也是使用时间最长的。关于大明宫的翰林院的方位学界有争议，有考古学者认为翰林院在大明宫西夹城内，唐史学者辛德勇先生、杜文玉先生等则认为这个观点与史籍记载颇有冲突，难以信服，认为翰林院应在大明宫右银台门内偏北，麟德殿西重廊之西。宋人程大昌《雍录》载，翰林院在大明宫右银台门内，稍偏北有门，有题榜曰"翰林之门"，其制高大重复，号为复门，门盖向东。

翰林院供奉的人才遍布三教九流，起初，皆不过是宴会时以一技博求皇帝欢心，并无实职，所以并不为人所重视。就连诗仙李白在翰林院期间的际遇也让人颇为叹息。李白渴望报效朝廷，为国家建功立业。天宝初，在贺知章和道士吴筠的引荐下，玄宗在大明宫金銮殿召见了李白，李白以论当世事为题即兴赋颂一篇，玄宗读了颇为赏识，当场赐食，还亲自为他调羹，并赐"翰林供奉"，留他在翰林院待诏。玄宗颇爱李白之才，然也不过是宴会时让他侍奉皇帝写诗作曲，未委以重任。李白颇不称意，加之其孤傲放荡，酒醉之时使唤高力士脱靴，得罪了高力士，遂不被宫廷所容，李白索性离开翰林院。在李白诗作《翰林读书言怀呈集贤诸学士》中也可窥见诗人在翰林院日子并不怎么如意：

> 晨趋紫禁中，夕待金门诏。
> 观书散遗帙，探古穷至妙。
> 片言苟会心，掩卷忽而笑。
> 青蝇易相点，白雪难同调。
> 本是疏散人，屡贻褊促诮。
> 云天属清朗，林壑忆游眺。
> 或时清风来，闲倚栏下啸。
> 严光桐庐溪，谢客临海峤。
> 功成谢人间，从此一投钓。

虽然到了开元二十六年（738）部分以词学见长的翰林待诏在处理文书中发挥了重要作用，逐渐为皇帝重视，于是玄宗为此专置一院即为学士院，但其他艺能伎术人才仍在翰林院待诏。如《册府元龟·总录部·妖妄第二》记载，宪宗末年，喜欢服食丹药，下诏天下搜访奇士。宰相皇甫镈与鄂节度李道古推荐方士柳泌及僧人大通等，皆待诏翰林。柳泌很狡诈，自言能制神仙不死之药。大通也自言，他年龄一百五十岁，有不死药。宪宗服了柳泌药后，日渐燥渴，后竟死于此。穆宗即位，将他们通通交付京

大明宫遗址出土鎏金铜柄首

兆府审判,痛杖一顿后处死。翰林医官董宏景等也被牵连流放。

六、学士院

学士院在大明宫有两处:一处在右银台门内,翰林院南面,称为西学士院;一处位于金銮殿的西侧,称为东学士院。

学士院,唐玄宗开元二十六年(728)初以翰林供奉改称翰林学士,由是遂建学士院,专司皇帝命令。起居舍人刘光谦等为首批翰林学士,但玄宗时期翰林院和学士院还没有完全分割。肃宗至德以后,翰林学士以文辞共掌诰敕,自此翰林院再无学士名。唐中期以后,翰林学士越来越受到皇帝重用,待遇益加丰厚,内宴时仅居宰相之下、一品之上,又号为"内相"。任翰林学士无固定人员,都是有官身的官员兼任,只要才干得到皇帝的赏识,上及诸曹尚书,下至校书郎,皆能入选。入院满一年,升职为"知制诰",

便可作文书。宪宗时，又设置"学士承旨"，从学士中选取声望高者一人担任，是翰林学士中地位最高的。

学士院的管理者由宦官担任，有高品使2人，掌管学士院日常事务；小使10人，着绿、黄、青色衣服，负责院内日常杂事。

有学者对西学士院形制做过研究：学士院内由南向北，依次是前庭之南，有横屋7间、南厅5间；由南厅出北门，有横屋6间、北厅5间；北厅之西有南小楼。此外，在前庭7间横屋的西南还有高品使之马厩。北厅皆以花砖砌成小道，两厅之间有铃索，用以呼召。北厅从东来第一间常为承旨阁，余皆学士居之。南厅本驸马张垍为学士时和公主居住之地，此其画堂也，后皆以居学士，其东西4间皆为学士阁，中一阁不居住。

学士院还藏有各类书籍8000余卷，其中两间屋专门用来储存往年的诏书草稿和制举词策，前庭南面横屋7间，小使居住，还分别贮藏着主案牍、诏草、纸、笔等。

东学士院在唐代韦执宜《翰林院故事》中做过详细描述，东学士院的建立为了皇帝召见便利，规模稍小，"随上所在而迁，取其便稳，大抵召入者一二人，或三四人，或五六人，出于所命，盖无定数。亦有鸿生硕学，经术优长，访对质疑，主之所礼者，颇列其中，崇儒也"。文中显示，东学士院待制学士数量少，但都深受皇帝信任，经常与皇帝商议政事，因此地位相对更为重要。

唐朝的学士有弘文、集贤和翰林，弘文、集贤分别隶属中书、门下省，而翰林学士独无所属，也可见翰林学士地位之高。而翰林学士要是能得到皇帝赏识更是恩宠非常，《唐摭言·杂记》曾载，宣宗大中初年，令狐绹在大明宫，恩泽无二，皇帝常于便殿召对，夜深方罢。皇帝赐金莲花烛送归学士院。院使以下，还以为是皇帝驾来，都鞠躬站在阶下。俄而宦官传吟道："学士归院！"学士们莫不惊异。

七、内侍别省

内侍别省位于大明宫右银台门内。

唐代置内侍省掌管宫廷日常基本事务，是皇帝的近侍宦官组成的官署机构。唐因隋制，武德四年（621），改长秋监为内侍监，龙朔二年（662）改监为省。武后垂拱元年（685）改称司宫台，天宝十三载（754）置内侍监，改内侍省为内侍少监，很快重置内侍省。内侍省长官为监2人，从三品，职掌内廷供奉、宣达皇帝的敕令；还有少监2人，内侍4人，皆从四品。除此，侍省官还有内常侍6人，内谒者监、内给事各10人，谒者12人，典引18人，寺伯、寺人各6人。内侍省下设掖庭、宫闱、奚官、内仆、内府、内坊局六局。掖廷局职掌宫人名簿宫籍；宫闱局职掌宫内门禁，其属有掌扇、给使等员；奚官局职掌宫人疾病死丧；内仆局掌宫中供帐灯烛；内府局职掌宫中收藏珍宝给纳之数；内坊局职掌太子东宫财物供给及宫人粮廪之事。

内侍省有两处，一处在长安城掖庭宫西南，是内侍省的本部；后来随

集贤殿书院复原图(来源《大明宫复原研究》)

着皇帝迁居大明宫，在大明宫右银台门内侧又建了一处内侍省，为了与本部区别，称为"内侍别省"。

唐朝初期，为了防范宦官势力，贞观年间太宗定制，内侍省不得置三品以上官，当时内侍省的长官品阶仅为四品。此时宦官不委任具体事务，只承担守门、洒扫、饮食等琐事。武后时期内侍省人员稍微增加，至中宗时，黄衣宦官才2000人，七品以上有1000人，着朱紫衣的高阶宦官还很少。到了玄宗开元、天宝时期，天下承平、国库丰盈，皇帝日益骄奢，周围侍奉的人大量增加，大明宫、太极宫、兴庆宫三宫使用的宫嫔达40000人，宦官黄衣以上者达3000人，衣朱紫的高品阶宦官达1000余人，宦官作为皇帝近侍逐渐被委以重任，称心者还被赐予厚爵。其中最显赫的当属高力士，开元初年，高力士便任内侍省长官，深得玄宗信任，"每四方进奏文表，必先呈力士，然后进御，小事便决之"。天宝初，高力士更是加封冠军大将军、右监门卫大将军，进封渤海郡公。天宝七载（748），又加封骠骑大将军。高力士一时权势滔天，杨国忠、安禄山、高仙芝等因他而得到将相高位，连肃宗都称呼其"二兄"，诸王公主皆呼"阿翁"，驸马辈则呼为爷。自此，唐代宦官的势力逐渐扩大，安史之乱以后宦官甚至掌握了驻扎于大明宫的禁军，宦官以此为依托干预政务，不仅干预储君的人选，还在关键要害衙署安插亲信。如文德元年（888）三月，僖宗疾病复发，群臣属意年长又贤能的皇弟吉王李保为储君，大宦官十军观军容使杨复恭请立寿王李杰，后下诏立李杰为皇太弟，监军国事，僖宗驾崩后即位，是为昭宗，并改名李晔。

八、集贤殿书院

集贤殿书院位于大明宫宣政殿西光顺门。

唐玄宗开元十三年（725）置，隶属于中书省，以宰相一人为学士，职掌书院总体事务。长侍一人，为副职，职掌经籍校辑。属官还有集贤学士、直学士、侍讲学士、修撰官、校理官、待制官、留院官、检讨官、孔目官等。

大明宫集贤殿书院位于宣政殿西光顺门，本命妇院地，屋宇宽敞，东西八十步，约117.6米，南北六十九步，约100.2米。《新唐书·艺文志一》载，玄宗天宝十四载（755），《韵英》五卷撰成，皇帝诏集贤院写附诸道采访使，传布天下。开成中，文宗命集贤院修撰《毛诗草木虫鱼图》二十卷并绘图像，编完后，大学士杨嗣复、学士张次宗献上。玄宗时期，皇帝重视集贤殿书院，重要诏敕拟定往往依靠集贤殿书院学士，以中书省宰相张说兼集贤殿学士，当时其地位是在翰林院、学士院之上的。肃宗时起，其逐渐被学士院取代。

九、弘文馆

大明宫的弘文馆设在宣政殿东侧日华门外面。

弘文馆是唐代中央的藏书机关和贵族学校，隶属于门下省。武德四年（621），初名修文馆，武德九年（626）改为弘文馆。神龙元年（705），避太子讳，改为昭文馆。开元七年（719），复为弘文馆。

自睿宗垂拱（685）以后，弘文馆以宰相兼领，号为馆主，并设给事中一人负责馆内日常事务。馆内有学士，无定员，职掌详正图籍，教授生徒。凡朝廷有制度沿革、礼仪轻重等相关问题，皆得参与商议；学生30人，负责教授考试，校书郎2人，从九品上，职掌校理典籍，刊正错谬之处。

弘文馆任职官员多是饱学之士，可谓人才济济。如太宗贞观年间，虞世南、房玄龄、杜如晦等18人皆以弘文馆学士之名被皇帝召于禁中，给皇帝参谋政事，延引讲习，出入宴会陪驾在侧，十几年间，大多升至宰相，当时号为十八学士。著名诗人杜牧也曾为弘文馆校书郎。

十、史馆

史馆位于大明宫中书省的北面。

史馆创建于唐代，是官方修撰史书的机构。唐之前的历代有史官却无史馆，以著作郎为史官，隶属于秘书省著作局。唐武德初仍因隋旧制，以著作郎修史。贞观三年（629）始置史馆于太极宫中，隶属于门下省，史官由他官兼任，由宰相监修国史。开元二十年（732），李林甫以宰相监修国史。天宝年间，他官兼史职者称为史馆修撰，初入时称为直馆。元和六年（811），宰相裴垍建议，官领史职者为修撰，官阶高的负责史馆事务，未登朝官皆为直馆。大中八年（854），废史馆直馆二员，增加修撰4人，分掌四季。有令史2人，楷书12人，写国史楷书18人，楷书手25人，

太液池遗址出土白瓷唾盂

典书2人,亭长2人,掌固4人,熟纸匠6人。

史馆本位于太极宫门下省北面,大明宫建成以后,便由太极宫迁至大明宫门下省之南。开元二十五年(737)三月,中书省宰相李林甫"以中书省地切枢密,记事者官宜在附近,史官尹愔奏移史馆于中书省北,以旧尚药院充馆也",史馆遂移至中书省北面。

史馆创立,修史制度的完善,给唐代的史学带来空前的发展。唐代先后完成了《梁书》《陈书》《北齐书》《隋书》等八部纪传体通史和130余篇当朝《国史》等史书,仅八部纪传体通史就占我国古代二十四史的三分之一强,可谓官修史书史上的创举,更难得的是其"不虚美,不隐恶,直书其事"的治史态度,成为以后历代直到今天治史者的座右铭。

十一、殿中内省

殿中内省位于大明宫宣政殿西侧。

殿中省是唐代中央主管皇帝衣食住行的机关。因隋制，高祖武德三年（620）置殿中省，龙朔二年（662）改称中御府，咸亨元年（670）复旧称。殿中省长官为殿中监一人，从三品，少监，从四品上，另有丞、主事、令史、书令史、亭长、掌固等属官。殿中省下设尚食、尚药、尚衣、尚舍、尚乘、尚辇六局。尚食局掌管御膳和宫廷食物储备及供应，尚药局掌合制御药及诊候方脉之事，尚衣局掌衣服，尚舍局掌殿廷张设、汤沐、灯烛、洒扫之事，尚乘局掌宫廷内外闲厩之马，尚辇局掌宫廷舆辇及伞扇陈设。

殿中省有内、外两省，外省旧址在今天西安城内西大街东段路北的北院门街北段之西，内省置于大明宫宣政殿西侧。

十二、少阳院

少阳院在大明宫内设有两处，一处位于大明宫西部，翰林院的北面，一处位于门下省的东面，温室殿以南，浴堂殿东南。

少阳院是皇太子专用的居所。太子常居少阳院始于唐玄宗时期。玄宗即位以后，基于唐代前期宫廷斗争的惨痛教训，将太子从太极宫东边的东宫移居于少阳院，以便就近监视。此外，还将诸王及子孙集中安置在一起，在兴庆宫周围营建了十王宅与百孙院，并专门设官员监管。少阳院设少阳院使二人，由宦官充任，官阶五品，其下有判官、品官、白身及内园小儿等数十人。少阳院还有驻军，文宗即位时，"赐少阳院宿直官健共四百人，钱各二十五贯、绢二十五匹"。这也是皇帝防范储君的一个手段。

在唐后期凡储君皆要居少阳院，如开成三年（838），文宗太子李永之母王德妃失宠，为杨贤妃诬陷致死。太子无母管束，受周边小人影响沉溺玩乐，杨贤妃日夜在文宗面前诋毁太子。于是皇帝开延英召对，召宰相及两省、御史、郎官等，意欲废掉太子。群臣皆说，太子年少，应该给他改过的机会，况且储君是国之根本，不可轻举妄动！文宗听了大臣的规劝，才同意太子回到少阳院。其实文宗是被枕边风吹晕了头，自己只有太子一个儿子，废了太子就只能立别人的儿子为储君。太子永在废太子风波后不久得疾病而亡，文宗追悔莫及，不得不选敬宗儿子陈王李成美为皇太子。开成四年（839），文宗病危，宦官仇士良、鱼弘志等为博得更好前途，却矫诏立颖王为皇太弟，从十六王宅迎入少阳院，文宗驾崩后即皇帝位，是为武宗。又如光化三年（900），枢密使刘季述、王仲先等幽禁昭宗于大明宫，意欲册封德王李裕为帝，迎其入居少阳院。天复初，朱全忠率军诛杀了刘季述、王仲先，德王藏在右军被发现，群臣请杀之，昭宗却说太子还年幼，是为叛贼拥立，依旧令其归少阳院。

十三、命妇院

大明宫命妇院位于光顺门大街的西面，中书省之北，殿中内省之西，还有一处命妇院在太极宫东宫的宜春宫门外。

白石象

命妇院是管理命妇、举行命妇朝拜皇后礼仪的机构。命妇有内、外命妇之分：皇帝与皇太子的嫔妃为内命妇；皇帝、皇太子、亲王之女，亲王的母妻，四品以上皇帝妃嫔之母，被加封邑号的五品以上职事官的母妻，三品以上散官的母妻等，均为外命妇。

命妇朝见皇后、皇太后，在不同时间不同时期有不同的要求。唐睿宗时规定：每月二十六日及岁朝、冬至、寒食、五月五日，诸命妇入宫朝参。宪宗元和元年（806）规定：每年元正、冬至，外命妇有邑号者，并赴皇太后所居宫殿门，进名参贺；其立夏、立秋、立冬，并进名参；如遇泥雨即停。这里没有提及皇后，是因为唐宪宗从未立过皇后。唐穆宗时期，因皇太后居住在兴庆宫，皇后住在大明宫，于是规定"即诣兴庆宫起居讫，诣光顺门起居"。也就是说先去兴庆宫朝拜皇太后，然后再在大明宫朝见皇后。

十四、客省

大明宫客省位于右银台门内。

客省是皇帝安置周边民族及藩镇使者等人员的机构。隋文帝营建大兴宫时便在宫中建立客省，唐代沿用之。代宗永泰年间为安置滞留在京的外国来使、少数民族地区使者及藩镇使者，遂在大明宫右银台门内置客省。客省设置客省使，由宦官充任，负责接待留置客省的人员，给皇帝汇报来使的意图，传达皇帝的旨意，担任来使和皇帝沟通的桥梁。

客省除了接待职能外，还有拘押、安置待罪官员的职能。《新唐书·食

摹张萱《虢国夫人游春图》

货一》载,德宗即位后,任用崔祐甫为宰相,宰相将拘押在客省的人员迁出,遣送了居住在客省的人员,每年节省费用达万计。这恰好说明客省具有接待和拘押官员的职能。德宗也在大明宫客省拘押过待罪人员。比如成德节度使李宝臣死了以后,其子李惟岳继任并发动叛乱,兵马使王武俊杀之。李惟岳弟李准简当时在京师,唐德宗遂将其拘留于客省。再如唐末李茂贞与朱全忠大战,擒住朱全忠押回长安,朱全忠蓬头垢面,着素服,待罪客省。

十五、左右金吾仗院

大明宫中左右金吾仗院的位置,史籍记载完全一致,即左金吾仗院在大明宫望仙门内，右金吾仗院在建福门内。

左右金吾仗院，又称金吾卫仗舍，是左右金吾卫驻扎在宫中的公署，十六卫中唯有金吾卫将公署设在宫中。左右金吾卫的历史渊源可以追溯到秦汉时期。秦置有中尉，掌京师巡警。汉朝建立后，沿袭未变，直到汉武帝时，才改名为执金吾。隋朝置左右武侯府，隋炀帝改为左右武侯卫。唐高宗龙朔二年（662）改为左右金吾卫。

左右金吾卫长官为大将军1人，将军2人，为副长官，其下有长史、诸曹参军事等文职官员和司阶、中侯、司戈、执戟等武职官。左、右金吾卫作为唐朝十六卫之一，其下辖有外府即折冲府50个，内府即翊府1个。

左右金吾卫的主要职能是负责宫中安全保卫工作和掌管京城治安巡逻执法。此外，左、右金吾卫还有其他职责，如凡京师处决死囚，金吾卫要派官员与御史一同监刑；皇帝于正殿坐朝皆有仗卫，诸卫都可能参与，其中多以千牛卫仗与金吾卫仗为主。千牛卫要进入殿内，负责皇帝安全，并承接进状，金吾卫负责宫内巡警，故皇帝每次坐朝，金吾将军一人要先奏"左右厢内外平安"，然后才唤仗入阁门。文宗时发生著名的甘露之变就与金吾卫有关。大和九年（835）十二月，宰相李训与凤翔节度使郑注等密谋里应外合，除掉以仇士良为首的宦官集团。当皇帝在紫宸殿坐朝时，左金吾大将军韩约"不奏平安"，却诈称左金吾仗舍内的石榴树夜降甘露，引仇士良等宦官前往察看，但因埋伏甲兵暴露被宦官察觉而失败，宦官纠集禁兵500人，对文官集团进行疯狂反扑，在大明宫内不由分说见官就杀，受株连被杀者达1000余人，李训被捕杀，郑注在凤翔亦被监军宦官所杀，文宗被宦官软禁至死。

十六、待制院

待制院，大明宫内有两处：一处在史馆以西，大历十四年（779）设置，为延英殿待制之所；另一处在弘文馆以东，为宣政殿待制之所。

待制院是待制官待制的官署。唐初，仿照汉代设立待诏。后避武后讳，改诏为制。皇帝在正殿坐朝时，令诸司长官二人奏本司事，称为待制。到代宗大历十四年六月敕令"自文武六品已上清望官，每日二人更直待制，以备顾问"，将待制制度明确下来。具体待制制度的变化，在本书延英殿篇有详细的叙述，此处不再赘述。

大明宫内除了以上官署外，还有中书舍人院、京兆尹院等机构，另外还有大盈库、琼林库等皇帝私人的内库等等。大明宫内大量的官署机构的存在，既保证了国家政治、经济决策的正确和政令的通达，又使庞大的唐帝国稳步运行了200余年。

大明宫遗址保护60年记

世事空悲哀复荣　凭高一望更添情

唐石刻佛头

　　高45厘米，青色石灰岩质，螺髻，目微闭，面部丰满慈祥，垂耳，出土于太液池遗址。

　　大明宫，尘封1000余年之后，在21世纪用另一种方式向世界展示了它的恢宏与格调。从20世纪50年代开始，大明宫遗址区就陆续迎来考古工作者和保护工作者，他们灵活又坚定地将大明宫遗址保护工作多方持续下去，逐渐规划、建设完成含元殿、御道、丹凤门、宫门宫墙、太液池、三清殿、中轴广场、望仙台、紫宸殿等遗址的保护展示工程，既给我国保存了珍贵的唐代大明宫历史文化遗产，也为唐文化的研究和发展奠定了物质基础。

到唐朝末年，长安城战争频仍，大明宫屡遭浩劫，接连在中和三年（883）、光启元年（885）、光启二年（886）、乾宁二年（895）、乾宁三年（896）、天复元年（901）、天祐元年（904）连续七次遭到重创。至天祐二年（905），朱温逼迫昭宗迁都洛阳，直接"毁长安宫室、百司及民间庐舍，取其材，浮渭沿河而下"，大明宫遂沦为废墟。在此后的1000余年间，大明宫遗址逐渐沦为村落，遭到人为和自然的无尽破坏，但仍以顽强的生命力穿过历史的重重烟尘，一直保存至今，成为我们今天见证大唐盛世历史的最重要的实物资料，弥足珍贵。

物换星移，大明宫曾经的辉煌总能引起人们的无限向往，历代都有文人雅士来到旧址凭望，留下了关于大明宫的多部记述。如宋代宋敏求的《长安志》、程大昌的《雍录》，元代骆天骧的《类编长安志》、李好文的《长安志图》，清代毕沅的《关中胜迹图志》、董祐诚的《咸宁县志》等。到了近代，1906年，日本学者足立喜六，应清政府聘请，出任陕西省西安府陕西高等学堂教习，利用工作之余，调查西安附近史迹，在大明宫还能从地面上看到含元殿遗址，麟德殿已沦为农田，太液池和蓬莱岛遗迹也能隐约可见，其他亭台楼阁已无迹可寻了。

大明宫遗址的保护历程

从1930年起，大明宫遗址陆续迁入大量外地移民，随着居住人口的增加，逐渐形成二马路、栖凤路、革新街、崇明街、建强路等街道和铁东

大明宫复原图

村、铁西村、铁三村（黄家窑）、铁四村、中架村、生产村等居民区，另有西安煤矿仪表厂、工农面粉厂、大华纱厂、黄河棉织厂、医药仓库、五金仓库、石油仓库、三十八中学、二十九中学、铁三中学等企业、事业单位坐落其间。大明宫遗址随着时代的变迁，成为棚户区，也沦为西安市谈之色变的"道北"。遗址范围内的自强村（原名五门村）、联志东村、含元殿村、孙家湾村、炕底寨村等五个村庄，随着人口的增长，住宅区用地大幅度扩张，耕地逐年减少，对遗址的破坏加剧。

　　从1990年起，太华路南北形成西安市最具规模的建材市场，违章建筑逐年增加，不断向纵深扩张，大面积侵蚀遗址保护范围内的土地，对大明宫遗址本体及其环境风貌造成严重破坏，大有不可遏止之势。不仅如此，还有不法人员将大量生活和建筑垃圾倾倒在遗址区内，先后形成四处较大的垃圾场。大明宫遗址实际上已处于濒危状态，面临严峻挑战。当然，大

1907年桑原骘藏摄含元殿遗址

明宫遗址这种日益恶化的生存状况,不是个例,而是世纪之交中国许多大遗址的共同遭遇,反映了快速城市化过程中,经济社会发展不平衡,各级政府对文物保护事业重要性认知不足、管理缺位的社会现状。

大明宫遗址生存环境如此恶劣,濒临破坏殆尽,但文物工作者始终没有放弃,在时代潮流裹挟下,一直在寻求保护大明宫遗址的大好时机。回顾大明宫遗址保护事业的发展进程,保护工作大概经历三个阶段。

第一阶段:大致从1957年到1995年,是对大明宫遗址建立科学认识和进行初步保护的阶段。

我们对大明宫遗址的认识是建立在考古工作成果基础上。自1957年开始,中国社会科学院考古研究所组建考古工作队首次对大明宫进行全面的考古调查和发掘工作。一是对大明宫宫城、宫墙和夹城的范围和形制进行了勘探,并发掘了部分宫城、城门和宫殿遗址,首先清楚了大明宫的基

1908年足立喜六摄太液池蓬莱岛遗址

拆迁前大明宫遗址区的居民与遗址在争夺生存空间

149

拆迁前大明宫遗址区建筑林立

拆迁前遗址区内有几个大的垃圾山

违章建筑建到了大福殿遗址

被垃圾、涝池覆盖的太液池遗址

道路占压了西宫墙遗址,一遇雨就形成内涝,民生条件恶劣

遗址区内的特有景象——带锁露天水龙头

本轮廓;二是对大明宫北部太液池周边的后寝区进行了勘探,在宣政殿的西北和太液池的西边和北边一带又探得较大的殿址12座,推测这些宫殿遗址可能为"还周、大福、拾翠、紫兰、玄武"等殿,以及"玄远皇帝庙"和"大角观"等遗址。三是对前朝区含元殿遗址以及殿前左右两侧的"翔鸾阁""栖凤阁"进行了大规模的发掘,并对部分"龙尾道"进行了发掘。此次发掘工作历经3年多,于1960年结束。20世纪80年代,又陆续对大明宫内多个建筑遗址单体展开发掘工作,先后发掘了清思殿遗址、三清殿遗址、朝堂遗址、麟德殿遗址、含耀门遗址等。

考古发现表明,大明宫遗址保存较为完整,蕴含丰富的历史信息,是唐代历史文化代表性的遗产,具有重大历史和文物价值,在中国文化遗产中具有不可替代的地位。这为大明宫遗址的保护工作提供了根本遵循。在1957年,陕西省人民委员会便公布大明宫及东西内苑遗址为陕西省第二批名胜古迹重点文物保护单位,确定了大明宫遗址的保护范围。1961年,国务院公布大明宫遗址为第一批全国重点文物保护单位。1981年,西安市政府批准设立了隶属于西安市文物局的专职保护机构——西安市大明宫遗址保管所。专职保护机构的建设,很大程度上成为大明宫遗址保护依托的强有力队伍。在此期间,大明宫遗址保管所开展了一系列文物保护的法律法规宣传、树立保护标志、建立遗址工作档案、建立遗址巡查制度、制止违法建设工程等工作。这时期的主要成就有两点:一是逐步建立起遗址的常态管理体制机制;二是通过有效管理,减缓了城市扩张对遗址的影响，使遗址得到较为完整的保存，免遭毁灭性破坏。这一时期的工作概括为"看护式"保管。但随着城市的不断扩张，违法建设处于失控状态，遗址的整体安全面临更严峻挑战，看护式的保护越来越不能满足现实的需要，大明宫遗址保护难题凸显，逐渐成为文物行政部门及当地政府关注的焦点。

第二阶段，自1995年至2006年，以保护项目推动大明宫遗址保护工作。

大约从1995年开始，各级政府和文物管理部门转换思路，以创新和科学发展理念为指导，积极寻求大明宫遗址保护和利用的新途径，保护工作的重心逐渐从以防为主向主动作为转变，在这期间加大经费投入，实施了麟德殿遗址、含元殿遗址、御道遗址等几个重点遗址保护展示项目，取得重大成果和广泛影响，推动了《唐大明宫遗址保护总体规划》的编制，并于2005年7月16日由陕西省人民政府批准公布实施。这一阶段工作为以后大明宫遗址公园项目打下了重要基础。

第三阶段：自2007年至今，大明宫国家考古遗址公园建设带动大明宫遗址的整体保护，申遗成功则为大明宫遗址保护提供更多机遇和挑战。

2007年10月29日，西安市委、市政府印发了《大明宫遗址区保护改造实施方案》，其中明确大明宫遗址保护的总体目标是建设具有世界意义的文物保护示范工程，建设世界一流的国家遗址公园。为此，西安市授牌成立了大明宫遗址区保护改造领导小组办公室，以大明宫遗址保护项目为依托，带动周围区域19.16平方公里的城市改造及更新，这种文物保护利

清思殿遗址（20世纪80年代发掘）

三清殿遗址（20世纪80年代发掘）

太液池干栏建筑遗址（2003年发掘）

兴安门遗址（2009年发掘）

银汉门遗址(2009年发掘)

1995年7月23日，联合国教科文组织、中国、日本共同保护唐大明宫含元殿遗址合作项目签字仪式

用方式在全国也不多见。在三年多的时间内，拆除占压大明宫遗址的建筑物面积达310万平方米，拆除25 000户，涉及拆迁人口10万人。同时也完成了大明宫宫门宫墙、太液池、丹凤门、中轴广场（三大殿区域）、玄武门、重玄门、三清殿、望仙台、大福殿等地面遗址及格局的保护展示工程。2010年9月30日，大明宫国家遗址公园盛大开园，同年也成为全国首批十二处国家考古遗址公园之一。2014年6月23日，经过紧张的申遗工作，大明宫遗址作为"丝绸之路：长安—天山廊道的路网"项目的重要组成部分成功列入《世界遗产名录》。

重要遗址保护工程

含元殿遗址保护工程

从1995年开始实施，至2003年初竣工。由联合国教科文组织、中国、日本三方合作，利用保护世界文化遗产日本信托基金235万美元、日本无偿援助资金2.8亿日元以及西安市政府和国家文物局投入的1000万元用于含元殿本体保护工程、殿前广场及相关配套设施建设。

含元殿遗址保护工程是对大遗址保护和展示方式的一种新探索，它的实施为中国大遗址的保护起到示范作用，并为今后大遗址的保护积累了丰富的设计和施工经验。

御道遗址保护展示工程项目

御道工程分两个阶段实施：2005至2006年完成拆迁、考古及环境整

大明宫御道及含元殿遗址全景

保护展示厅内的丹凤门遗址

治工作；2008至2010年，完成保护展示工程。工程主要内容为整体铺砌固化砾石，局部采用玻璃罩展示车辙等遗迹。该工程的实施使原破坏严重的御道遗址得到整体保护，有效遏制了人为因素对遗址本体的侵占和破坏，使御道的历史格局、历史规模、历史环境在一定程度上得以重现，实现了御道遗址的整体展示。

丹凤门遗址保护展示工程

2009至2010年完成丹凤门遗址保护展示工程。根据文物保护要求，展示厅钢结构构件与遗址边沿留有安全距离。城台与城墙部分外壁为大型人造板材，外表分别施以城砖和夯土墙的机理。建筑分为四个功能区，即遗址本体保护展示区、保护展示辅助功能区、多功能活动区、设备用房区。项目完工后，已成为大明宫国家考古遗址公园的标志性建筑。

宫门宫墙遗址保护展示工程

工程包括东南西北四道宫墙及外宫门遗址。2008年至2010年完成项目施工。是唐大明宫遗

宫墙遗址保护展示工程实施后

址的重要组成部分，其保护与展示对于显示唐大明宫的整体规模及格局，展现大明宫遗址的完整性，具有不可替代的作用。

太液池遗址保护展示工程

工程包括保护设施建设和环境整治等。该项目是唐大明宫遗址宫苑区的中心部分，展示了唐代重要的皇家园林的规模和格局。

重玄门、玄武门遗址保护展示工程

重玄门、玄武门遗址是唐大明宫遗址的重要组成部分，对其保护与展示对于显示唐大明宫的整体规模及格局，展现大明宫遗址的完整性，具有不可替代的作用。

三清殿遗址保护展示工程

三清殿遗址位于大明宫西北部。是大明宫内现存的一处由平地夯筑而成的大型高台建筑遗址。出土文物有很多单色和三色的琉璃瓦、鎏金铜器、饰器多件。三清殿的保护展示将再现唐宫廷建筑的丰富性、宗教文化的多样性和包容性。

大明宫遗址中轴广场（三大殿区域）保护展示工程

该工程位于大明宫中轴线三大殿区域，由地下博物馆、木栈道、遗址标示三部分内容组成。大明宫地下博物馆处于大明宫国家遗址公园中心，是综合性博物馆，为使用多种高科技手段来全方位地展示大明宫和唐代历史文化提供了空间。结合先进的展陈手段和教育、传播、学术研究等其他

太液池遗址保护展示工程实施后

含耀门遗址保护展示工程实施后

宣政殿紫宸殿周边遗址标识

玄武门遗址保护展示工程实施后

三清殿遗址保护工程实施后

紫宸殿远景

功能，设有大明宫历史、考古、唐代政治制度、服饰、建筑、工艺等多项展厅。通过木栈道的游线设计和遗址标示的展示，使人们对唐代的宫廷布局、建筑特点有一个较为直观的认识，弥补了遗址公园内遗址本体可视性差、遗址展示手段单一等缺点。

望仙台遗址抢救性保护加固工程

望仙台遗址位于唐大明宫遗址中轴线东侧，南距含元殿遗址约400米，北距太液池蓬莱岛约500米。

紫宸殿遗址保护展示工程

该保护展示工程位于唐大明宫遗址中轴线上。设计理念是运用考古成果，按照原址规模，参照复原研究的成果，在充分保护地下遗址基础上，覆土修复模拟高台基址，采用树木和残缺不全的全钢梁架结构，不仅展示了建筑自身的空间结构，产生无限的遐想空间，给人强烈的残存宫殿轮廓的沧桑感。这种诠释解读方法是对遗址展示解读的一种全新尝试。

目前，大明宫遗址既实现了大明宫格局完整保护，又以遗址公园面貌呈现在世人面前，其对西安市的生态环境修复、文化传承、旅游业发展等方面都产生了积极影响。

欢迎朋友们到大明宫去游览一番，体验一把梦回唐朝。

大明宫国家遗址公园全景

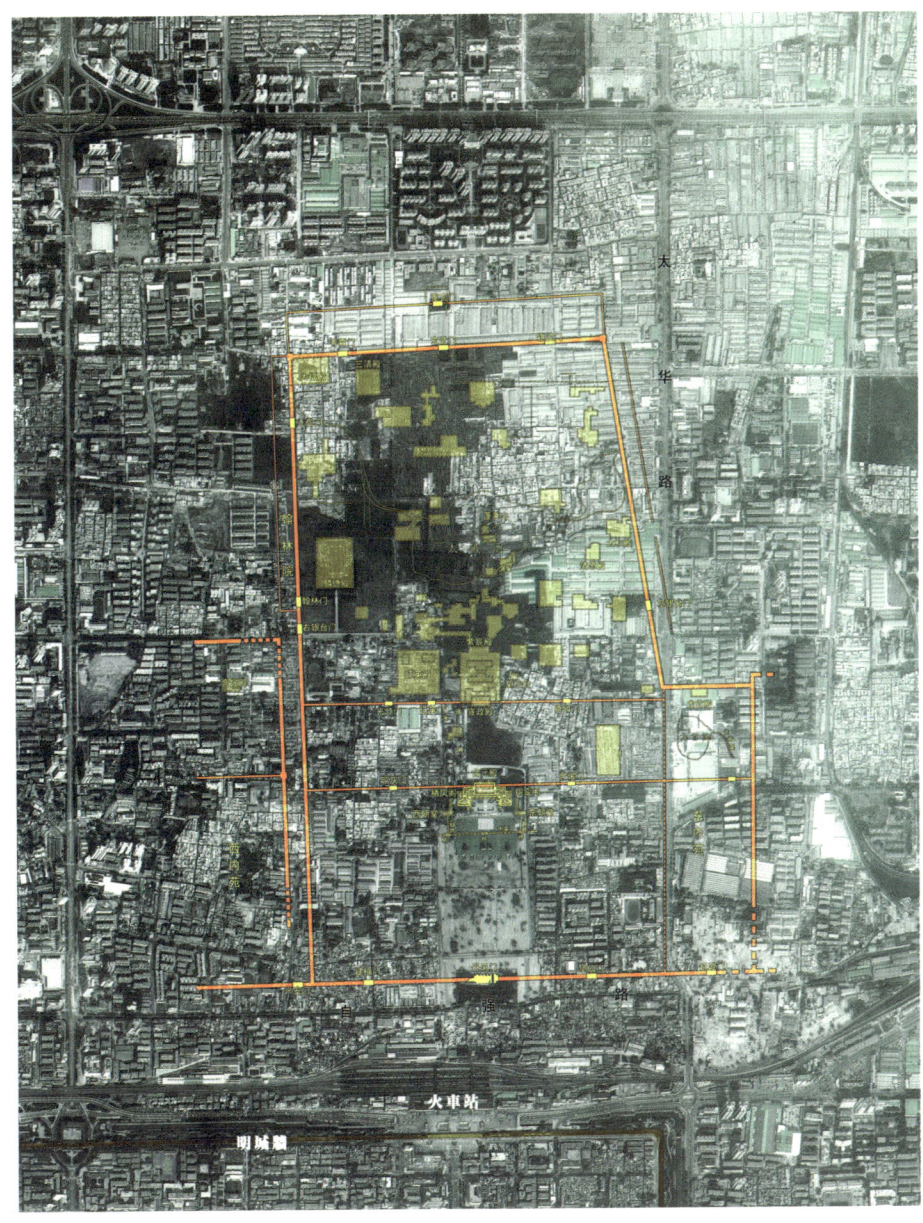

2007年前大明宫遗址区卫星影像图

大明宫历史大事记

 ④

【年份】龙朔三年（663）

四月二十二日，蓬莱宫新建含元、宣政、紫宸等三大正殿全部竣工，高宗移仗含元殿。四月二十五日，高宗始御紫宸殿听政。

 ⑤

蓬莱宫麟德殿落成。

【年份】麟德元年（664）—麟德二年（665）

 ⑥

十月，唐将李勣率部灭亡高丽，并将高丽国王高藏及其子高男建等押至长安。唐高宗御含元殿受俘。

【年份】总章元年（668）

【年份】景龙四年（710）

正月五日，唐中宗御大明宫含元殿，宴见文武百官和吐蕃使，并观看马术表演。

【年份】神龙三年（707）

五月五日端午节，唐中宗御麟德殿，宴见文武百官，修文馆学士杜审言撰《蓬莱三殿侍宴奉敕咏终南山诗》。

【年份】神龙元年（705）

正月二十五日，唐中宗在洛阳通天宫即帝位。

二月，改大明殿为含元殿。

 ⑯

八月三日，唐玄宗在东宫武德殿即帝位，下诏修缮大明宫。

【年份】先天元年（712）

 ⑰

六月一日，唐玄宗下诏停止修缮大明宫。

【年份】开元元年（713）

 ⑱

九月六日，唐玄宗徙居大明宫，并在含元殿前焚烧锦绣、珠玉等奢侈品。不久，玄宗御含元殿，宴见京城父老。

十二月八日，唐玄宗御麟德殿，宴见吐蕃求和使者。此年，唐玄宗在大明宫设置内教坊。

【年份】开元二年（714）

【年份】贞观八年（634）
十月，唐太宗在太极宫东北龙首原上为太上皇李渊营建寝宫，初名永安宫。

【年份】贞观九年（635）
正月，唐太宗改永安宫为大明宫。五月六日，太上皇李渊崩于大安宫。大明宫的修建工作停止。

【年份】龙朔二年（662）
四月二十二日，唐高宗徙居大明宫，并将大明宫改名蓬莱宫。
六月一日，高宗第八子李旦生于大明宫含凉殿。十七日，高宗又对宫内寝殿、宫门及亭、台、楼、阁等逐一命名。

【年份】垂拱元年（685）
二月，武则天下诏说，朝堂之南所置肺石及登闻鼓，不须防守，凡有击鼓立石者，监察御史应接受诉状，奏报朝廷。

【年份】上元元年（674）
九月，唐高宗在含元宫含元殿前举行大型宴会。九月六日，高宗御麟德殿，宴见文武百官。

【年份】咸亨元年（670）
改蓬莱宫为含元宫

【年份】长安元年（701）
十月，大周皇帝武则天由洛阳行幸长安，入住含元宫。
十一月，改含元宫为大明宫。
十二月，改含元殿为大明殿。

【年份】长安二年（702）
武则天御麟德殿，宴见吐蕃使者论弥萨等，并在殿廷演奏百戏、杂伎等。

【年份】长安三年（703）
武则天御麟德殿，宴见日本国遣唐使朝臣粟田真人。

【年份】开元四年（716）
正月，皇后妹婿长孙昕无故殴打御史大夫李杰，玄宗下令将其斩于朝堂。

【年份】开元七年（719）
正月一日，唐玄宗御含元殿，接受朝贺。二十一日，玄宗御紫宸殿，接见诸州朝集使。

【年份】开元九年（721）
四月，唐玄宗御含元殿，亲试制科举人。二十二日，玄宗御丹凤门楼，宴见王晙、郭天方、高崇、谢知信等有功将领。
五月二十九日，玄宗又御含元殿，亲试制科举人。

181

【年份】开元十五年（727）

唐玄宗诏令自兴庆宫东兴外郭城修筑夹城，以通大明宫。

【年份】开元十四年（726）

十月，唐玄宗御紫宸殿，宴突厥东安默啜可汗使者梅录啜，并诏准双方在西受降城互市。

【年份】开元十三年（725）

唐玄宗改集仙殿修书所为集贤殿书院，以集贤学士张说为院长，负责书院事务。

正月二日，唐玄宗由大明宫移居兴庆宫听政。十一月十二日冬至，玄宗御含元殿，接受朝贺。

【年份】开元十六年（728）

正月一日，唐玄宗御含元殿，接受朝贺。

十月，玄宗御宣政殿，宴突吐蕃德者明思猎。

十二月，玄宗御丹凤门楼，宴享东突厥默啜可汗和西突厥施灵骑地汗使者。

【年份】开元十八年（730）

正月一日，唐玄宗御含元殿，接受朝贺。是年，宰相裴耀卿奏奉利集贤殿书院，盛誉"书院藏书"之名，书籍之盛，自古未有，足称"文献盛世"。

【年份】开元二十三年（735）

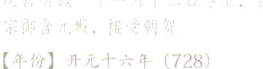

【年份】至德二载（757）

九月二十八日，唐军收复长安。

十月二十三日，唐肃宗从凤翔回到长安，入居大明宫，并将九庙神主置于大明宫长安殿内。二十八日，唐肃宗御宣政殿，宴享回纥酋长叶护，宝赐绢帛和金银器皿。

十二月三日，太上皇李隆基从蜀地回到长安。御含元殿，接受百官朝拜。太上皇又上尊号并揭玉册册宝。后华，移居兴庆宫。十五日，肃宗奉玉册宫南太极殿。二十一日，太上皇御宣政殿，召长回王至接受谢宴。

【年份】天宝十五载（756）

正月一日，唐玄宗御宣政殿，接受朝贺。

六月十二日，玄宗由兴庆宫移居大明宫。六月十三日，玄宗出大明宫延英门出，经丹苑西延秋门，西逃蜀地成都。数日后，安史叛军占领长安。

正月一日，唐肃宗御含元殿，接受朝贺。正月五日，太上皇御宣政殿，授唐肃宗尊号曰"光天文武大圣孝感皇帝"。十七日，肃宗至殿等庙，观春在含元殿前举行的大祠仪式。

十二月立春日，肃宗御宣政殿，令太常御宣宫读时令。

【年份】至德三载（758）

二月一日，肃宗御紫宸殿，宴军回纥使者。四日，肃宗御丹凤门，大会百官，册宴聚回纥等诸子亲。

七月十七日，肃宗御宣政殿，册忠王李俶为皇太子。二十四日，肃宗御宣政殿，册立回纥可汗为英武威远毗伽可汗。

【年份】乾元元年（758）

三月十八日，肃宗御紫宸殿，宴军回纥王子骨咄特勤及宰相帝德等5人。

五月二十二日，肃宗御宣政殿，策试制科举举人。

【年份】乾元二年（759）

【年份】开元十二年（724）

唐玄宗置集仙殿修书所于大明宫。

【年份】开元十一年（723）

十一月二十三日，唐玄宗御丹凤门楼，宴见昭武九姓诸国使节，演奏九部乐，用以助兴。

【年份】开元十年（722）

三月一日，唐玄宗御延英殿，召对宰相。

正月一日，唐玄宗御含元殿，接受朝贺。

七月二日，玄宗御宣政殿，册立第三子李亨为皇太子。

八月五日千秋节，玄宗御麟德殿，庆贺生日，并邀集贤殿书院学士和翰林院待诏、供奉与僧、道辩论儒、道、佛三教异同。

【年份】开元二十五年（737）

玄宗在大明宫翰林院之南设置翰林学士院。

三月，右相李林甫奏请将史馆由门下内省之南移至中书内省之北，以旧尚药院充作馆宇。

【年份】开元二十六年（738）

正月一日，唐玄宗御含元殿，接受朝贺。

五月，长安县令柳升因奏赃枉法，被玄宗下令杖杀于朝堂。

十一月，玄宗下敕，冬至宣取次日受朝贺，仍永为常式。

【年份】天宝三载（744）

三月一日，唐玄宗下敕："常参官今日入朝，寻胜宴乐。"从此，每天在紫宸殿举行的常朝入阁之制被废除，变成了单日常朝，双日休沐。

九月，唐玄宗诏令禁军在太液池西岸修筑百尺高台，准备在次年中秋之夜携杨贵妃登台望月。

十一月九日，安史之乱爆发。

【年份】天宝十四载（755）

三月十九日，唐玄宗下制："今后每月朔望，宜令荐食于太庙，每军一牙盘，仍五日一开室门洒扫。"宣政殿每月朔望举行的朔望"大朝"之制被废止。

【年份】天宝十一载（752）

唐玄宗御丹凤楼，宴见从吐蕃手中夺回石堡城（今青海西宁西南）的唐将哥舒翰。

【年份】天宝九载（750）

四月二日，唐肃宗御延英殿，宴见陇右地区归附的突厥首领奴剌俟斤等5人。三日，又在延英殿宴见回纥使者俱录采贺达干等74人。

闰四月十八日，肃宗御丹凤门楼，大赦天下，改年号"上元"。

【年份】乾元三年（760）

八月二十一日，唐肃宗御延英殿，宴见回纥使者20人。

十二月，肃宗在延英殿宴见白衣大食、婆谒使者等18人。

【年份】上元元年（760）

七月二十一日，延英殿御座侧生长一棵玉灵芝，"一茎三花"。唐肃宗撰《御制玉灵芝诗》，以资纪念。

九月三日天成地平节，肃宗御麟德殿，庆贺生日，并置内道场，设备奏乐，极欢而罢。

【年份】上元二年（761）

【年份】大历二年（767）

正月一日，唐代宗御含元殿受朝贺。

二月，驸马都尉郭暧与其妻升平公主发生口角，升平公主入宫告状。汾阳王郭子仪绑子入宫请罪，代宗赦而不罪，并谴公主归第。

十一月六日，代宗御紫宸殿策试制科举人。十一月二十三日冬至，代宗御含元殿受朝贺。颜真卿撰成《韵海镜源》200卷，赴右银台门进献。

【年份】永泰元年（765）

正月一日，唐代宗御含元殿受朝贺。礼毕，文武百官赴崇明门拜谒皇太子。

二月一日，释放大明宫宫女1000余人。

十月五日，代宗御延英殿，宴见回纥宰相啜地啜御将军，梅录大将军及试太常卿罗达干等196人。

十一月二日冬至，代宗御含元殿受朝贺。

正月一日，唐代宗御含元殿受朝贺。

五月三日，代宗御麟德殿，宴见剑南、陈郑诸镇将士及神策军将士3500人，赐物有差。十日，代宗御紫宸殿，宴见新罗国使者。

十一月四日冬至，代宗御含元殿受朝贺。礼毕，文武百官赴崇明门拜谒皇太子。

【年份】大历三年（768）

七月，唐代宗于大明宫文成殿置佛教道场，为百姓祈福。

十月二十三日，代宗御紫宸殿，宴见吐蕃使者尚悉摩等8人。

【年份】大历四年（769）

四月一日，唐代宗御宣政殿，策试"茂才异行"等四科制举人。

【年份】大历六年（771）

【年份】兴元元年（784）

五月二十七日，唐将李晟率部收复大明宫，屯兵于含元殿前，行营设在右金吾仗舍。不久，朱泚在西逃途中被杀。

七月十三日，唐德宗返回长安，入居大明宫。二十二日，德宗御丹凤门楼，宣布大赦。

【年份】建中四年（783）

正月一日，唐德宗御含元殿受朝贺。

十月二日，泾原镇兵5000人在长安叛乱。唐德宗仓皇出逃奉天（今陕西乾县），泾原叛兵追袭从丹凤门进入大明宫，争士庶财物，并纵焚烧大盗，琼林库内财物。八日，原泾原节度使朱泚在宣政殿登极称帝，建国号"大秦"。

正月一日，唐德宗御含元殿受朝贺。九日，德宗下制将卢杞为饶州刺史。十一日，给事中袁高等在紫宸殿面奏时，提出反对。十六日，德宗将卢杞量移为澧州别驾。四月十九日，德宗御麟德殿，庆贺生日。

八月二十八日，德宗御延英殿，召对宰相。

十一月十一日冬至，德宗御含元殿受朝贺，并在丹凤门宣布大赦。

十二月，德宗下诏，每延英召对，令常参官中7人入殿侍对，参议政事。

【年份】贞元元年（785）

正月一日，唐德宗下诏"以罢凯乐无会"。

四月十九日，德宗御麟德殿，庆贺生日，并宴请者诸客、赵需、韦渠牟、僧覃延、道士葛参成等辩论三教异同。

【年份】贞元二年（786）

【年份】广德二年（764）

二月一日，唐代宗御宣政殿，册立雍王李适为皇太子。

六月一日，代宗御宣政殿，举行朔日朝会。

十二月二十一日冬至，代宗御含元殿受朝贺。

【年份】宝应二年（763）

七月一日，唐代宗御宣政殿，接受群臣所上尊号"宝应元圣文武孝皇帝"。十一日，代宗御宣政殿，庆贺平定安史之乱，参加宴会的文武百官和四夷使者有4000多人。

【年份】宝应元年（762）

四月十六日，宦官李辅国在凌霄门发动政变，捕杀张皇后，越王李系等于睗德殿。十八日，唐肃宗崩于大明宫长生殿。李辅国引太子李豫在九仙门与宰相相见。十九日，太子即帝位，是为唐代宗。

六月，唐代宗御延英殿，宴见吐蕃使者浊番、契丹等。

正月一日，唐代宗御含元殿受朝贺。

四月，代宗御延英殿，宴见新罗国贺正使。渤海和回纥遣使贡献方物，鸿胪寺官员引见于右银台门。

六月，代宗御延英殿，宴见渤海国朝贡使者。

闰十一月，右仆射裴遵庆之任裁侍播李闲敢，控告遵庆谋反。结果，裴倩以诬告罪，处为流刑。

【年份】大历八年（773）

正月一日，唐代宗御含元殿受朝贺。

二月，代宗御延英殿，宴见即将归国的渤海国质子大英俊，亲切话别。

【年份】大历九年（774）

正月一日，唐代宗御含元殿受朝贺。

三月二十八日，代宗御延英殿，召见左金吾大将军吴溱，令其在中书省政事堂捕审祖元载、王缙等人，又命吏部尚书刘晏主持审讯。结果，元载被赐死。

【年份】大历十二年（777）

【年份】建中元年（780）

正月一日，唐德宗御含元殿受朝贺，群臣上尊号曰"圣神文武皇帝"。五月，德宗御丹凤门楼，宣布大赦。

九月二十一日，德宗诏令修缮宣政殿外走廊。

十一月一日，德宗御宣政殿，会见诸州朝集使及贡使。十七日冬至，德宗御含元殿受朝贺。

【年份】大历十四（779）

正月一日，唐代宗御含元殿受朝贺。

五月二十一日，代宗崩于大明宫紫宸内殿，皇太子于榇前即帝位，是为德宗。

六月一日，德宗御丹凤门楼，宣布大赦。八日，德宗诏令以延英殿南旧药院地为廐。

七月，唐德宗诏令将居住客省的中外使者全予遣散，并停止供给饮食，节省粮饷1.92万石。

四月十六日，唐德宗御麟德殿，令宫廷乐队演奏河东节度使所献《定难曲》。

十二月一日，德宗由大明宫经夹城去城西打猎，入百姓赵光奇家，询问民间疾苦。

【年份】贞元三年（787）

正月一日，唐德宗御含元殿受朝贺。礼毕，又御丹凤门楼，宣布大赦。京师地震，含元殿前阶基栏楯坏损30余间，压死卫士10余人。五日，德宗御麟德殿，宴见文武百官，演奏九部乐，又表演舞马，极欢而罢。

十月二十五日，户部侍郎班宏主持修缮延喜门，筑大明宫夹城。

【年份】贞元四年（788）

正月一日，唐德宗御含元殿受朝贺。户部侍郎班宏主持修建玄武门楼，门外又设置两廊，派兵守卫，时称"北衙"。

【年份】贞元五年（789）

【年份】贞元十二年（796）

正月一日，唐德宗御含元殿受朝贺。

四月十九日，德宗御麟德殿，庆贺生日，令佛、道、儒三教辩论异同。

八月六日，户部尚书裴延龄奏载在大明宫内修建望仙楼，扩建大明宫夹城。

【年份】贞元十一年（795）

正月一日，唐德宗御含元殿受朝贺。

四月二十五日，谏议大夫阳城等于延英门，上疏极论裴延龄奸佞，陆贽无罪。年近八旬的金吾大将军张万福高声称赞说："朝廷有直臣，天下必太平！"并连声高呼"万岁！万岁！"

【年份】贞元十年（794）

十月三日，唐德宗御宣政殿，策试"贤良方正""直言极谏"等制科举人。

正月一日，唐德宗御含元殿受朝贺。

三月二日，德宗诏令在麟德殿前建造会庆亭。

十月六日，德宗破例在双日御延英殿，召对入朝奏事的徐泗节度使张建封，以示殊宠。

【年份】贞元十三年（797）

正月一日，唐德宗御含元殿受朝贺。

二月七日，德宗御麟德殿，宴军文武百官，同奏《破阵乐》。

五月一日，德宗御宣政殿，会见百官。

七月，德宗御延英殿，召对右金吾将军吴凑，商建章宫。德宗御麟德殿，令教坊乐人演奏自制《中和乐》，并撰《观新乐诗》，令太子书示百官。

【年份】贞元十四年（798）

【年份】元和二年（807）

正月三日，唐宪宗御丹凤楼，大赦天下。

二月十九日寒食节，宪宗御麟德殿，宴会群臣。

五月一日，始置左右神策护军中尉等员。宪宗诏令在神策军修复大明宫夹城，再续成东西两面城墙。

十月，宪宗御延英门，接史被杀的浙西节度使李锜。

十一月，宪宗在思政殿召接新学士李绛，并对待诏翰林学士优厚礼加优宠。

【年份】元和元年（806）

正月一日，唐宪宗举群臣议由司礼司奉进徽号宝册，皇太后尊号曰"隆崇孝睿大圣皇"，三日，宪宗御含元殿受朝贺、礼毕。颁示民俗大赦，改年号曰"元和"。

正月十二日，唐宪宗御宣政殿，接受群臣上尊号"宪文武皇帝"册文。礼毕，御看风楼，大赦天下。

二月二十五日，宪宗御宣政殿，策试制科举人。

四月二十二日，大风吹落含元殿鸱吻四两只，坏石杂垛条栏40余所槛钉。二十五日，宪宗下敕五月一日《宜政》殿受朝贺礼宜停。

【年份】元和三年（808）

正月一日，德宗御含元殿受朝贺。中月，令太子书示百官。

十月十一日，宪宗改御安宫，宰臣率百官围园石吞碧等，招迎圣寿菀。宰臣谢降礼毕，奉贺圣寿。十六日，宪宗御延英殿，见史使奏事，因风骨悸，神德宗官家恨军事毕。宪宗始加皇太子孚"开府仪同三司"宾相，将"处来"改为"言邓"。

【年份】元和四年（809）

【年份】贞元九年（793）

正月一日，唐德宗御含元殿受朝贺。

十月三日，德宗御延英殿，召对侍中马燧。

十一月十日冬至，德宗御丹凤门楼，宣布大赦。

【年份】贞元七年（791）

四月二十八日，唐德宗下诏："起今年五月朔，御正殿，召见文武百官，外官因朝集，咸听就列，伤崇礼式，以为常典。"

五月一日，德宗御宣政殿见百官，从新制。

十月，德宗下敕，常参官在延英殿日对时，应有2人入殿，论奏政事，谓之"巡对"。

【年份】贞元六年（790）

五月一日，唐德宗御紫宸殿受朝拜。

正月一日，唐德宗御含元殿受朝贺。六日，德宗御麟德殿，观有南诏国所献《奉圣乐谱曲》。

【年份】贞元十六年（800）

正月一日，唐德宗因大雨雪，罢含元殿朝贺。

七月二十一日，德宗御紫宸殿听政，嘉王府咨议参军高弘本"自理逾僭"。时间冗长，德宗下敕，今卿等欲自今勿令正衙奏事，如有陈奏，宜诣延英门请对。此令发布以后，引起大批普遍反对。

【年份】贞元十八年（802）

正月一日，唐德宗御含元殿受朝贺。

二月六日，德宗诏令修葺含元殿。

【年份】贞元十九年（803）

【年份】贞元二十一年（805）

正月一日，唐德宗御含元殿受朝贺。二十三，德宗御宣政殿会见群臣，宣遗诏，皇太子宜于柩前即位。德宗崩于大明宫会宁殿。二十六日，太子李诵即位，是为唐顺宗。顺宗力疾视朝，于九仙门会见群臣。

二月十一日，以吏部侍郎韦执谊为尚书左丞，同中书门下平章事。二十二，以太子侍书、翰林待诏王伾为左散骑常侍，充翰林学士。以翰林待诏王叔文为起居舍人、充翰林学士。二十四日，顺宗御丹凤门楼，宣布大赦。

三月一日，顺宗下诏释放宫女300人于安国寺。

七月八日，顺宗下诏，军国政事，宜令皇太子处置。

八月四日，顺宗下诏，宜令皇太子即帝位，并改贞元二十一年为永贞元年。六日，贬左散骑常侍王伾为开州司马，度支盐铁转运使王叔文为渝州司户。"永贞革新"至此失败。九日，皇太子御宣政殿即帝位，是为唐宪宗。

正月一日，唐宪宗御含元殿受朝贺。

七月十六日，宪宗御兴安门，观看乐舞。

【年份】元和六年（811）

正月一日，唐宪宗御含元殿受朝贺。

十月十七日，宪宗御宣政殿，册立邓王李宁为皇太子。

【年份】元和七年（812）

正月一日，唐宪宗御含元殿受朝贺。

五月，霖雨多日，延英殿不开15日。

六月一日，宪宗御延英殿，对宰相说："今后每三日，雨亦对来。"

十二，释放宫女二百车，任从所适，以永灾之故。

十月，宪宗御麟德殿，观看许州节度使韩弘所献《圣朝万岁乐》300首。

【年份】元和八年（813）

187

【年份】元和十三年（818）

正月一日，唐宪宗御含元殿受朝贺。礼毕，又御丹凤楼，大赦天下。

二月二十一日，宪宗御麟德殿，宴会群臣，大合乐，三日而罢。

【年份】元和十二年（817）

正月一日，唐宪宗以用兵不受朝贺。

二月六日，宪宗诏令修建大明宫内圣寿佛寺，时称"元和圣寿佛寺"。四月，宪宗诏令右神策军2000人修筑大明宫夹城，从云韶门经芳林门，直达修德坊，以通兴福佛寺。

五月二十六日，宪宗建成蓬莱池周廊400间。

六月二十七日，京师大雨，含元殿一根大柱倾斜。坊市水深三尺，坏坊民2000家。

十月二十五日，宪宗御宣政殿，庆贺平定淮西镇叛乱。

十二月一日，宪宗御兴安门，受唐军所俘淮西节度使吴元济，并将其徇于东、西两市，斩于独柳树下。

正月一日，唐宪宗"以东师宿野，不受朝会。"八日，宪宗派人赴凤翔法门寺奉迎佛骨舍利至京师，留大明宫三日，又遍回城内诸寺，王公士庶奔走舍施如不及。刑部侍郎韩愈上疏极陈其弊。十四日，韩愈被贬潮州刺史。

二月十六日，宪宗御宣政殿受朝贺，庆祝平定淄青镇叛乱。二十一日，宪宗御兴安门受俘，群臣贺于楼下。

三月十九日，宪宗御麟德殿，宴会群臣，庆贺平定齐、鲁地区藩镇叛乱。

七月五日，宪宗御宣政殿，接受群臣所上尊号"元和顺天应道圣文神武皇帝"。礼毕，御丹凤楼，大赦天下。

【年份】元和十四年（819）

【年份】长庆三年（823）

正月一日，唐穆宗"以疾不受朝贺。"

八月十四日，穆宗由大明宫经夹城幸曲江亭芙蓉苑，至通化门，赐持盂僧明二百四。

【年份】长庆二年（822）

正月一日，唐穆宗"以用兵罢元会"。

三月十七日，穆宗御麟德殿，召对河东节度使裴度。

十一月二十四日，穆宗与内官击鞠大明宫中击鞠，以患风疾，足不能履地。

十二月四日，军将李逢吉等率群印至延英门请罪，宪穆与大臣王公疏，请立太子。五月，穆宗在紫宸殿御大纵床见宰臣。二十日，穆宗因病其得疾迁御紫宸殿，册立景王李湛为皇太子。礼毕，百僚于崇明门谒太子，太子平衣，执易答再。

正月一日，唐穆宗首次御含元殿受朝贺。二日，金吾卫大将军李祐追纳诏令，私自进马150匹，被御史温造于紫宸殿对仗弹劾。李祐退出待罪，穆宗特予释放。二十二日，穆宗崩于大明宫清思殿。二十六日，太子李湛即位，是为唐敬宗。

二月一日，敬宗衰服御紫宸门外见群臣。二十一日，敬宗御紫宸殿受朝。二十五日，敬宗率群臣御光顺门册皇太后。二十七日，敬宗御中和殿击毬，赐教坊乐官绫绢3500匹。二十八日，敬宗御飞龙院击毬。二十九日，敬宗御中和殿观看乐舞，极次为美。

三月一日，敬宗御丹凤楼大赦。五日，敬宗御延英殿对宰臣。九日，入宫服役的百姓等逐史信同入金銮殿，被卫士擒获，发配戍边。十九日，群臣入紫宸殿常朝，敬宗坐朝延晚，且朝罢，左拾遗刘栖楚叩阎，叩头流血，敬宗为之动容。

四月十七日，敬宗御清思殿击毬玩乐。染坊工匠张韶、木士苏玄明率卒工和长安无赖100余人，冲入左银台门。敬宗逃入左神策军营躲避。张韶与苏玄明对食于清思殿，直至深夜，才被平定。

六月，敬宗诏令扩建翰林学士院。

【年份】元和十一年（816）

正月一日，唐宪宗以唐军正在征讨淮西镇叛乱，罢元正朝贺。

三月八日，宪宗见群臣于紫宸门外庑下。

【年份】元和十年（815）

正月一日，唐宪宗御含元殿受朝贺，文武百官谒皇太子于崇明门。

三月一日，宪宗御延英殿召对大臣。

【年份】元和九年（814）

正月一日，唐宪宗御含元殿受朝贺，文武百官谒皇太子于崇明门。

三月十九日，宪宗御麟德殿，召见大理卿裴棠棣之子裴损、前昭应县令杜式方之子杜悰，各赐绯，许尚公主。

正月一日，唐宪宗因服食道士金丹身体不适，罢元正朝贺。二十五日，宪宗御麟德殿，召见入京来朝的义成军节度使刘悟。二十七日，宪宗暴崩于大明宫中和殿。传言宪宗被宦官陈弘志所弑。

闰正月三日，太子即位，是为唐穆宗。穆宗御大明宫思政殿，召对翰林学士段文昌、兵部郎中薛放、驾部员外郎丁公著等。

二月一日，穆宗御丹凤楼，大赦天下。事毕，盛陈倡优杂戏于丹凤门内，纵百姓观看。十一日，穆宗又幸左神策军军营，观看手搏、杂戏。穆宗又诏令于宣政殿西上阁门内西廊开辟便门，以通宰相自阁中直达延英殿的道路。

三月十日，穆宗召侍讲学士韦处厚、路随于太液亭讲论《毛诗·关雎》《尚书·洪范》等。

九月九日重阳节，穆宗御宣和殿，宴见郭钊兄弟及贵戚、主婿。十月，穆宗诏令左右神策军2000人，在门下省东少阳院前筑墙及建造楼阁。

十二月十四日，穆宗幸右神策军军营，击鞠玩乐，并去城西畋猎。

【年份】元和十五年（820）

【年份】长庆元年（821）

正月四日，唐穆宗御丹凤楼，大赦天下，改元"长庆"。礼毕，群臣于楼前称贺。穆宗御思政殿，召对翰林学士李德裕，"赐金紫之服"。

二月九日，穆宗御麟德殿，与群臣观看杂伎、百戏。二十四日寒食节，穆宗御麟德殿，宴会群臣。

五月十六日，穆宗在大明宫内造百尺楼。

七月十八日，穆宗御宣政殿，接受群臣所上尊号"文武孝德皇帝"。礼毕，御丹凤楼大赦。二十一日，穆宗御宣政殿，册封太和长公主为回鹘可敦。

十一月二十五日，穆宗御宣政殿，策试制科举人。

七月，敬宗御浴堂殿，召对翰林学士韦处厚，处厚谏言敬宗不要"嗜好畋猎，沉湎酒色"。

十月，敬宗御思政殿，召见翰林学士高重、崔郾、高铢等。

【年份】长庆四年（824）

【年份】 宝历二年（826）

正月一日，唐敬宗御含元殿受朝贺。

二月十九日寒食节，敬宗御三殿宴群臣，自戊午至庚申方止。

五月一日，敬宗御宣和殿，对内人亲属1200人，并于教坊赐食，各赐锦彩。

六月九日，敬宗御麟德殿，庆贺生日。并令兵部侍郎丁公著等人与佛僧、道士讲三教异同。宫中内官、禁军统帅、公主、驸马等入殿聆听。二十八日，敬宗御德殿，观左右神策军、教坊、内园分明驴鞠、角抵。

九月一日，敬宗御宣和殿，大合乐，陈百戏，自甲戌至丙子方罢。敬宗又令两街供奉道士赵归真等40人于大明宫三清殿修罗天大醮消灾。

十二月八日，敬宗夜猎回宫。敬宗官刘克明等弑于寝殿。十二日，江王李昂即位于宣政殿，是为唐文宗。十七日，文宗下诏释放大明宫宫女3000人。

【年份】 大和元年（827）

正月二十三日，唐文宗御丹凤楼大赦，改元"大和"。

四月十七日，文宗诏令拆除敬宗在倪仙门侧所修10间亭楼。

十月十日，文宗御麟德殿，庆贺生日，并召秘书监等集贤学士与僧人谈论，通士赵常盈等辩论三教异同。

十一月二十六日冬至，文宗令百官及命妇诣光顺门朝贺皇太后。

【年份】 大和二年（828）

正月一日，唐文宗令百官及命妇诣光顺门朝贺皇太后。

二月三日寒食节，文宗御麟德殿宴百官，并上百戏，有一优人扮起孔子取乐，皇帝逐出殿。

三月二十五日，文宗御宣政殿，策试制科举人。

五月，文宗撰和编缉《尚书》中君臣事迹，命内工绘于太液亭，朝夕观览。

十一月二十三日，宣政殿之东明德寺发生火灾，火势延及宫女所居"母亲房"，烧死宫女数百人。

【年份】 大和九年（835）

三月，唐文宗御蓬莱殿，召对宰相王涯、李固言、郑注等。二十六日，京师大雨，含元殿前鸱吻全被吹落。坏金吾仗舍，毁城观40余间。

八月四日，文宗先幸左军宴首殿、梨园，并在含元殿大会余乐。

十月二日，左军中尉仇士良隙自戏于左银台门。本晚宫内所由文宗御摇"紫云楼""彩楼宣敕"，并在曲江赐器过安喜。

十一月二十一日，"甘露之变"发生。

【年份】 大和八年（834）

正月古日，唐文宗大病初愈，御太和殿，宴群臣。十二日，文宗御紫宸殿宴群臣。

八月，中书门下奏皇帝降诞日在麟德殿设斋，聚三教辩论，不合曲制，请"停御宫故事"，只是奉两宫太后，可免此举。从之。此后，皇帝降诞日在麟德殿举行的一般性活动，官告停。文宗御紫宸殿，召宰臣李昂郭彪等卞严写书。

五月十九日，文宗御紫宸殿，殷召开门下防舍李词，为拜授人。二十一日，皇太子永其地路袋于少阳院。二十二日，文宗驾太上皇太和殿。二十九日，翰林院进呈唱词，文宗赐《改曲》词于20人奏乐以宴之。

【年份】 开成元年（836）

正月一日，唐文宗御宣政殿受朝贺，并大赦天下，改元"开成"。五日，文宗御紫宸殿听政。

三月二十一日，文宗幸龙首池，观宫人竞舟，因赋《春塘渡诗》。

五月十七日，文宗御紫宸殿听政。

十一月十七日，文宗御延英殿召对宰相。

【年份】 开成二年（837）

二月十四日，户部侍郎判度支王彦威撰成《唐典》六十卷，其书于银台门呈献。

三月一日，文宗诏宫省寺宦官徐48人，李官等。

八月十七日，文宗下诏："庆成节令章执天在上巳，中和节，上曲江会文武百僚，咸其奉旨依约。"

十一月二日，御文广德宫大会殿，敬次此旨枝序。

十二月七日，文宗御紫宸殿，列车右史坐条。

【年份】宝历元年（825）

正月七日，唐敬宗御丹凤楼大赦，改元"宝历"。

三月八日，敬宗御麟德殿宴会群臣。二十七日，又御宣政殿，策试制科举人291人，以中书舍人郑涵等并充考制策官。

四月二十日，敬宗御宣政殿，接受群臣所上尊号"文武大圣广孝皇帝"。礼毕，御丹凤楼大赦。

五月十七日，敬宗御宣政殿，册九姓回纥昭礼可汗。

闰七月十三日，敬宗诏度支进铜三千斤，金箔十万翻，修清思院新殿及升阳殿图障。

八月十三日，敬宗御蓬莱殿，会见沙门、道士共400多人。二十九日，又御蓬莱殿，会见道士刘从政，任官赐物，并号"升玄先生"。是年，敬宗诏令在望仙门侧修筑看楼10间。

五月七日，唐文宗御宣政殿朝会。

九日，御兴安门楼，受沧州州将李同捷首级。

十一月八日，文宗御丹凤门大赦。

【年份】大和三年（829）

正月一日，唐文宗御含元殿受朝贺。

八月十五中秋节，文宗御梨园亭、会昌殿奏新乐。十六日，御史台官员舒元舆撰成《御史台新造中书院记》一文，历述大明宫内御史台中书院的修建过程及建造形制。

【年份】大和四年（830）

正月一日，唐文宗以阴雨十日罢元日大朝会。

三月二十九日，文宗御紫宸殿听政。

【年份】大和五年（831）

正月一日，唐文宗御含元殿受朝贺。

二月二十一日，文宗御麟德殿，召对吐蕃、渤海、牂牁、昆明等使。

八月一日，文宗御宣政殿，册立鲁王李永为皇太子，李永入住少阳院。

十月十日，文宗御麟德殿庆贺生日，并邀僧徒、道士讲论佛、道教义。十一日，文宗御延英殿召对宰臣，宰臣奏请将十月十日文宗降诞日定为庆成节。

【年份】大和七年（833）

正月一日，唐文宗以"久雪废元会"。

二月二十六日寒食节，文宗御麟德殿宴群臣。

【年份】大和六年（832）

正月十五元宵夜，唐文宗将三宫太后迎入咸泰殿，共庆佳节。

二月七日，文宗御紫宸殿听政。

六月十五日，文宗出宫人480名，送两街寺观安置。十七日，文宗御紫宸殿听政，与宰臣商议"币轻钱重"问题。

八月十七日，德宗御紫宸殿听政，左拾遗窦洵直对授予乐官尉迟璋"三府率"官职提出反对。退朝之后，尉迟璋改授光州长史。

九月二十六日，文宗诏令皇太子侍读窦宗直隔日入少阳院。

十月十六日，皇太子李永薨于少阳院，谥曰"庄恪"。

十一月十一日，文宗御紫宸殿听政，向宰臣询问"天宝年间政事"。

【年份】开成三年（838）

【年份】会昌三年（843）

正月一日，唐武宗以宿师于野，罢元会。

二月，武宗御宣政殿，百僚庆贺大破回鹘，迎回太和公主。三十日，太和公主至京师，武宗改封为安定大长公主。公主诣光顺门变服请罪，武宗遣中使慰谕，然后入宫。

五月，武宗诏令在大明宫中修筑望仙观。

【年份】会昌二年（842）

正月一日，唐武宗御含元殿受朝贺。

四月二十三日，武宗御宣政殿，接受群臣所上尊号"仁圣文武至神大孝皇帝"，并大赦天下。

八月，武宗御麟德殿，宴觉昆室书首领督热论等15人。

十一月二十五日，武宗御紫宸殿听政。

【年份】会昌元年（841）

正月九日，唐武宗御丹凤楼大赦，改元"会昌"。

三月，武宗诏遣灵符应圣院于龙首池。

六月，武宗将道士赵归真等81人又召入宫中，于三殿造九天道场，武宗亲自聆听道家筮文。

【年份】会昌四年（844）

正月一日，唐武宗以泽潞用兵，罢元正朝会。

八月十日，武宗御兴安门，接受叛乱的泽潞镇节帅刘稹首级。

【年份】会昌五年（845）

四月，武宗敕令尚书省祠部检括天下佛寺及僧尼人数，大凡寺4600，兰若4万，僧尼26.05万。六月，武宗敕令重修望仙楼，并增建廊舍539间。

七月二十五日，武宗下敕并省天下佛寺。至八月七日，全国所毁寺4600多所，归俗僧尼26万，毁招提、兰若4万余所，没收良田数千万顷，奴婢15万人。百官奉表庆贺。

九月，宰相李德裕奏请在大明宫内设置备功库，用于边防军备之需。

【年份】大中十一年（857）

正月一日，唐宣宗御含元殿受朝贺。年近八旬之太子太师户钧为百官之长，宣读尊号，声音洪亮，举止沉稳，众官敬佩。

【年份】大中八年（854）

正月一日，出现日食天象，唐宣宗罢元会。

九月，宣宗从大明宫北出禁苑，其泽阳具瑞禽。

【年份】大中七年（853）

十二月，左补阙赵璘奏请罢太正月一日元会，以御宣政殿受朝贺。

【年份】大中十二年（858）

正月一日，唐宣宗御含元殿受朝贺。太子少师柳公权亦年近八旬，为百官之长，宣读尊号，将"圣敬慈和武光孝皇帝"，误读为"光武和孝"，被御史弹劾，罚一季俸料。

二月，宣宗欲登丹凤楼大赦，宰相进谏说："御楼赦敕所费甚广，事须有名，且敕不可致。"

【年份】大中十三年（859）

五月，唐宣宗身体不适，号令不能上朝听政。

八月七日，宣宗宣谕诏立郓王李漼为皇太子，不久，崩于大明宫寝殿。十三日，皇太子李漼即位，是为唐懿宗。

【年份】咸通元年（860）

正月，唐懿宗御紫宸殿，对宰书使者。

十一月二日冬至，懿宗御丹凤楼大赦，改元"咸通"。

【年份】开成五年（840）

正月一日，唐文宗因身体不适，不受朝贺。二日，文宗诏立皇弟颍王李炎为皇太弟，原立皇太子陈王李成美，复为陈王。三日，两军中尉仇士良统兵从十六王宅将颍王李炎迎入少阳院，群臣谒见于东宫思贤殿。四日，文宗崩于大明宫太和殿。皇太弟李炎御宣政殿即位，是为唐武宗，时年27岁。

九月，武宗御三殿，召道士赵归真等81人入宫，在麟德殿修筑道场，武宗于九天坛亲受法箓。

【年份】开成四年（839）

正月十四日夜，唐文宗御咸泰殿观灯作乐，三宫太后和诸公主等悉数作陪。

五月十七日，文宗御紫宸殿听政，询问宰臣新修《开元政要》如何？

十月九日，文宗御会宁殿听乐观优。十四日，文宗欲观起居舍人魏謩所写《起居注》，受到拒绝。

十一月五日，文宗御思政殿，召对当值学士周墀。

十二月十三日，文宗身体不适，百官起延英门问起居。十七日，宰臣入谒，见文宗于太和殿。

正月一日，唐武宗以有病而罢元会。十七日，武宗御麟德殿，宴见南诏、契丹、室韦、渤海、牂牁、昆明等国朝贡使者。

三月二十一日，武宗病重，诏立光王李怡为皇太叔，并执掌军国政事。二十三日，武宗崩于大明宫寝殿。二十六日，皇太叔于柩前即位，是为唐宣宗，并改名李忱。

四月一日，宣宗御紫宸殿听政。

【年份】会昌六年（846）

正月十七日，唐宣宗御丹凤门大赦，改元"大中"。是月，宣宗下诏：凡延英召对宰臣之时，左右神策中尉须退出殿庭，枢密使站立殿西候旨；召对毕，枢密使其在御案前受事。

闰三月，宣宗下敕："应会昌五年所废佛寺，有僧徒营葺者，听自居之，有司毋得禁止。"

【年份】大中元年（847）

【年份】大中四年（850）

正月一日，唐宣宗御含元殿受朝贺，大赦天下。

【年份】大中三年（849）

十月，唐宣宗改各边库为延资库。

十二月，宣宗御宣政殿，追册顺宗和宪宗谥号。

【年份】大中二年（848）

正月三日，唐宣宗御宣政殿，接受群臣所上尊号"圣敬文思和武光孝皇帝"，并宣布大赦。神策军修左银台门楼、屋宇及南面城墙，至客武楼。

正月一日，唐懿宗御含元殿受朝贺。宰相杜悰率群臣上尊号曰"睿文明圣孝德皇帝"。

【年份】咸通三年（862）

正月七日，唐懿宗御丹凤楼，大赦天下。

【年份】咸通四年（863）

正月一日，唐懿宗以用兵安南，罢元会。

【年份】咸通五年（864）

193

【年份】乾符元年（874）

十一月五日冬至，唐僖宗御含元殿受朝贺。礼毕，卸丹凤楼大赦，改年号"乾符"。王仙芝、黄巢领导的农民大起义爆发。

【年份】咸通十四年（873）

三月二十九日，唐懿宗派人赴凤翔法门寺奉迎佛骨。

四月八日，佛骨舍利达长安。舍利从光顺门进入大明宫，在大明宫内道场供奉三日，出京城诸寺安置。

七月十八日，懿宗病重弥留。左、右军中尉刘行深、韩文约扶立懿宗少子李俨为皇太子。十九日，懿宗崩于大明宫咸宁殿。二十日，皇太子柩前即位，是为唐僖宗，时年12岁。

十二月八日，僖宗诏令将佛骨送还法门寺。

【年份】广明元年（880）

正月一日，唐僖宗御宣政殿受朝贺，改元"广明"。

十二月五日，百官预朝之时，黄巢领导的农民起义军先头部队攻入长安城内。宦官田令孜率神策兵500人，护卫僖宗由大明宫经金光门西逃成都。晚饭时刻，黄巢率起义军主力进入长安。十二日，黄巢入居大明宫。十三日，黄巢登含元殿即位，建国大齐，改元"金统"。礼毕，登丹凤楼，颁布敕书，"唐官三品以上悉停任，四品以下位如故"。

【年份】中和元年（881）

四月，唐将唐弘夫奉部屯渭北，王重荣屯沙苑，王处存屯渭桥，拓跋思恭屯武功，郑畋屯周至，进逼长安。

五日，黄巢率部东出长安，露宿霸上，唐将弘夫、处存等率官军5000人由延秋门进入长安，并大肆抢掠金帛、妇女。黄巢返机率众攻入长安，大败官军，收复京师。

【年份】景福元年（892）

二月，凤翔节度使李茂贞上表求请山南西道招讨使。唐昭宗御延英殿，召宰相、谏官商议。最终，遂以茂贞为山南西道招讨使。

【年份】大顺二年（891）

十二月，天威军使李顺节持恩骄横，出入宫禁以兵仗自随。十二日，两军中尉刘景宣、西门君遂矫诏召顺节，顺节令甲士300人随行至右银台门，只自己传诏让从者两中尉将顺节缢于仗舍，令部将晒举斩其首献列榜。

【年份】文德元年（888）

二月二十一日，僖宗由凤翔回至京师，入居大德殿。

三月五日，僖宗病重弥留。十军观军容使杨复恭奏请立寿王李杰为皇太弟，右军中尉刘季述率兵迎李杰于十六王宅，入居大明宫少阳院。六日，僖宗崩于武德殿，皇太弟于柩前即位，是为唐昭宗，并改名李晔。

七月二十八日，唐昭宗将华州刺史韩建任为修复宫阙使。

十月十一日，凤翔节度使李茂贞献钱15万，助修宫阙。

【年份】乾宁三年（896）

二月，华州刺史、修宫阙使韩建派都将华温琪督促修复宫阙工程，至此完成，韩建亲为视察。

八月二十二日，唐昭宗从华州回京师，入居大明宫，大赦天下，改元"光化"。

【年份】光化元年（898）

六月二十七日，大唐审修内传音碑落成。

【年份】光化二年（899）

【年份】咸通十三年（872）

正月一日，唐懿宗御含元殿受朝贺。宰相路岩率文武百官上尊号曰"睿文英武明德至仁大圣广孝皇帝"。礼毕，又御丹凤楼大赦。

六月十七日，懿宗御延英殿，召对宰相，敕令天下州府，应有逃亡户口，其赋税差科，不得摊配现存人户之上。

十二月，懿宗御思政殿，召对新任云州刺史、充大同防御等使卢简方。

【年份】咸通七年（866）

正月一日，唐懿宗以太皇太后丧，罢元会。

十一月十日，懿宗御宣政殿，庆贺收复安南，并大赦天下。

四月九日，黄巢因长安城内粮饷用尽，率众撤离长安，经蓝田关退往关东。十日，唐军由光泰门入城，收复京师。天下行营兵马都监杨复光遣使驰马赴成都告捷。唐僖宗诏令大明宫留守王徽及京畿制置使田从异率忠武等军2万人，守卫长安。

【年份】中和三年（883）

九月，唐僖宗以右仆射、大明宫留守王徽知京兆尹事。僖宗以长安宫室焚毁，敌久留鄂地未归，王徽招抚流散，户口稍归，又修缮宫室，政事稍有头绪。

【年份】中和四年（884）

【年份】光启二年（886）

五月二日，邠宁节度使朱玫扶持宗室嗣襄王李熅在大明宫皇帝位，改元"建贞"。朱玫自为大丞相，兼左右神策十军使。

十二月，朱玫受将王行瑜矫宣密诏，率众由凤州返回长安，杀朱玫及其党羽数百人，纵兵大掠。

【年份】光启元年（885）

三月十二日，唐僖宗返回长安，入居大明宫。十四日，僖宗御宣政殿受朝贺，礼毕，又御丹凤楼大赦，改元"光启"。

五月，僖宗御宣政殿受朝贺，宰相萧遘率文武百官上尊号曰"至德光烈孝皇帝"。

十二月，田令孜所率禁军在沙苑被河中节度使王重荣和河东节度使李克用率部击败，败兵进逼长安。二十五日夜，田令孜挟僖宗出幸凤翔。河中、河东兵进入长安后，杀人放火，宫阙萧条，俱为茂草。

十一月五日，唐昭宗在禁苑打猎，当晚入住思政殿，饮酒而醉，手杀黄门、侍女数人。六日黎明，宫门不开。左军中尉刘季述等率禁军千人破门而入，陈兵殿庭，逼迫宰相崔胤等联名上疏，请太子监国。刘季述与王仲先等伏兵于左银门外，并奉先门内，行至思政殿前，逢宫人，辄杀之。昭宗时在思政殿后乞巧楼，闻讯大惊，堕于床下。季述挟昭宗入住少阳院，以太子监国，并迎太子入宫。十日，太子李裕在宣政殿即位，改少阳院曰问安宫。

十二月二十九日，护驾盐州都将孙德昭等率兵擒杀刘季述、王仲先，从问安宫救出唐昭宗。

【年份】光化三年（900）

【年份】天复元年（901）

正月一日，昭宗反正，登长乐门，受朝贺。不久，又御保宁殿，观看《贊成功》乐舞。二十二日，昭宗下敕，近年宰臣延英奏事，枢密使待侧，争论纷然，从今以后，并依大中旧制。

四月二十二日，凤翔节度使李茂贞来朝，昭宗赐宴于大明宫寿春殿。

十月二十五日，中尉韩全诲等挟昭宗入阁召百官，宣布取消二十二日敕书。当日，昭宗开延英，全诲等侍侧，同议政事。

十一月四日，中尉韩全诲等奉昭宗车驾出幸凤翔。

【年份】天复三年（903）

正月二十七日，唐昭宗由凤翔返回长安，入居大明宫。宣武节度使朱全忠以兵驱宦官第五可范等数百人于内侍省，尽杀之。宽号之声，响彻内外。宦官专权的局面，至此结束。

二月十二日，朱全忠辞归本镇，昭宗留宴于寿春殿。

【年份】天祐元年（904）

正月十三日，朱全忠诸牙将寇彦卿奉表至京，强迫唐昭宗迁都洛阳。二十一日，昭宗车驾从长安东行，全忠所任御营使张廷范令长安居民按籍迁徙，拆毁屋木，投长安宫室、百司机构，取其材木，浮渭沿河而下。京师长安及大明宫从此废为丘墟。